T5-BPY-345

WITHDRAWN

HARVARD LIBRARY

WITHDRAWN

La condition de la femme
d'après le Nouveau Testament

DU MÊME AUTEUR
(Quelques titres)

Aux éditions du Cerf :

Les Poèmes du Serviteur : De la lecture critique à l'herméneutique, « Lectio Divina » 103, 1981.

Églises et ministères : Pour un dialogue critique avec E. Schillebeeckx, 1983.

Évangiles et Tradition apostolique : Réflexions sur un certain « Christ hébreu », 1984.

L'origine des évangiles : Controverse avec J. Carmignac, 1986.

Les ministères dans le peuple de Dieu, 1988.

Combats pour la Bible en Église, 1994.

Pour une lecture critique d'Eugen Drewermann : L'exégèse biblique à la dérive, à paraître en novembre-décembre 1994.

Aux éditions Desclée :

En codirection avec A. George : *Introduction critique au Nouveau Testament*, 5 vol., 1976-1977, participation aux vol. 1 et 5.

La Bible : Guide de lecture, 1981.

Évangiles et histoire, « Introduction critique », vol. 6, 1986.

Les paroles de Jésus-Christ, « Introduction critique », vol. 7, 1986.

La liturgie à l'époque apostolique, « Introduction critique », vol. 8, en collaboration, 1990.

La liturgie dans le Nouveau Testament, « Introduction critique », . vol. 9, 1991.

Dieu, le Père de Jésus-Christ, « Jésus et Jésus-Christ », 1994.

L'espérance juive à l'heure de Jésus, nouvelle édition, « Jésus et Jésus-Christ », à paraître en décembre 1994.

Aux éditions du Seuil :

Dans les angoisses, l'espérance, « Parole de Dieu », 1982.

Pierre Grelot

La condition
de la femme

d'après le

Nouveau Testament

DESCLÉE DE BROUWER

BS
2417
.W6
G74
1995

© Desclée de Brouwer, 1995
76 *bis*, rue des Saints-Pères, 75007 Paris
ISBN : 2-220-03574-3

Avant-propos

La réflexion sur la condition de la femme constitue un aspect essentiel de l'anthropologie. On peut aborder cette question sous des angles multiples : l'angle psychologique, pour préciser la situation respective des deux sexes dans leur identité de nature ; l'angle sociologique, pour examiner la façon dont les diverses sociétés situent les femmes dans leur fonctionnement pratique et dans leur droit ; l'angle philosophique, pour voir comment les penseurs ont théorisé la valeur de l'un et l'autre sexe par rapport à un certain idéal d'humanité (la femme est-elle, par nature, inférieure à l'homme ou son égale ?) ; l'angle religieux enfin, non sans distinguer sur ce point la grande variété des attitudes adoptées dans les divers cultes au cours des âges et de nos jours... Le but de notre courte étude est plus modeste. Elle ne vise même pas à parler de « la condition des femmes – et de la féminité – dans la Bible ». Une telle visée exigerait que l'on reprenne, dans le cadre restreint des deux Testaments, toutes les questions qui viennent d'être signalées : psychologiques, sociologiques, philosophiques, dans la mesure où la pensée biblique renferme une philosophie implicite d'orientation « culturelle », puisque le culte était un élément essentiel de la religion du Premier Testament... Il faut se limiter. Nous nous en tiendrons au Nouveau Testament en l'examinant sous un angle strictement théologique. Mais naturellement la théologie touchera latéralement à tous les domaines que je viens de signaler.

Ce qu'il faut préciser, ce sont les perspectives que les textes du Nouveau Testament ouvrent à la réflexion, quand les données de la révélation qu'il apporte sont confrontées avec celles de l'anthropologie courante dans notre cadre culturel occidental. Il va de soi qu'un théologien africain, ou chinois, ou indien, etc., aborderait la même enquête dans d'autres perspectives : chacun réfléchit et parle en fonction du milieu dans lequel il est plongé et des interlocuteurs auxquels il s'adresse, oralement ou par écrit.

Si j'aborde ce sujet, c'est qu'il revêt présentement une certaine actualité, non seulement dans la société en général, mais aussi dans l'Église. « La société » : rappelons la façon dont les journaux reviennent constamment sur la question de l'égalité des hommes et des femmes dans le fonctionnement de l'économie, dans la vie politique du pays, dans la protection sociale, dans la recherche médicale qui assure à tous la santé et les soins. Tel parti pose en principe que, pour les prochaines élections, il doit y avoir 50 % d'hommes et 50 % de femmes sur ses listes... On enquête aussi sur la capacité des femmes à occuper les mêmes postes que les hommes dans telle ou telle branche de l'industrie ou dans telle ou telle profession... Les historiens nous apprendraient que la situation respective des hommes et des femmes dans la société occidentale a considérablement varié depuis l'antiquité. Une opinion courante pose en principe que l'égalité des deux sexes est une conquête toute récente : elle n'est même pas advenue lorsque la Révolution française mit fin aux oppressions d'un « obscur moyen âge » ! On aimerait que cette « opinion courante » se renseigne un peu mieux sur le moyen âge en question ; nos ignorances le font aisément durer plus de dix siècles. Au simple point de vue juridique, sait-on que le droit médiéval assurait aux femmes, dans la société, une place et des droits plus importants que notre « grand siècle » ? Pour la situation des femmes dans la société, il y a toujours eu des hauts et des bas. Mais ce n'est pas là l'objet de l'enquête présente.

Celle-ci n'envisage même pas l'ensemble des siècles durant lesquels l'Église de Jésus-Christ a pris sa place dans le monde. Il y a à cela une raison simple : c'est que *l'Église* tient de *l'Évangile* une règle de vie et d'action que ses membres doivent s'efforcer de mettre en pratique. Mais les chrétiens – nous-mêmes et ceux qui nous entourent ! – n'en sont pas moins un peuple de pécheurs : leurs actes reflètent plus ou moins l'idéal de vie qu'ils professent. Pour la condition des femmes dans l'Église, ou plus exactement dans « le monde chrétien », il y eut des hauts et des bas comme dans la société environnante. L'idéal n'existe jamais ici-bas à l'état pur. Il doit faire l'objet d'une visée, d'une recherche. Mais on sait que le commun des mortels en est toujours plus ou moins loin. Pour y tendre, il est indispensable de braquer les regards vers le temps où cet idéal s'est affirmé avec force, au point de donner son élan à l'Église qui l'a porté jusqu'à nous.

C'est pourquoi l'enquête présente s'en tiendra aux textes du Nouveau Testament, quitte à les remettre dans le contexte historique et social où ils ont pris forme. C'est sous cet angle que j'aborderai la question de la place que doit occuper la femme dans l'Église. On ne s'étonnera pas de constater qu'en parlant ainsi je touche immédiatement à un problème d'actualité. Depuis deux ou trois ans, la grande presse ne cesse de faire écho à l'ordination sacerdotale des femmes dans l'anglicanisme. On ne peut pas faire l'économie de cette question, si l'on veut parler de la place des femmes dans l'Église. Soit ! Mais pour le faire intelligemment, il faut prendre du recul. C'est pourquoi je n'en parlerai qu'après avoir enquêté sur le Nouveau Testament. En effet, la règle de la foi et de la pratique chrétienne ne réside pas dans les variations de « l'opinion publique » : elle est dans la tradition léguée à tous les siècles par les apôtres de Jésus. Ce principe vaut pour tous les siècles, y compris le nôtre.

Toutefois, pour aborder les données pratiques du Nouveau Testament, il sera utile de rappeler d'abord une donnée du Premier Testament qui les éclaire latéralement. Dans ce cadre culturel ancien, la réflexion ne se développait pas sous une forme abstraite, comme en Grèce et dans l'Occident moderne qui en a hérité. Elle recourait à l'expression symbolique de la pensée, moins précise, mais indéfiniment suggestive. Le symbole ne *définit* pas, mais il « fait penser », selon le mot de Paul Ricœur. Il sera donc utile d'examiner d'abord, dans le Premier Testament, le symbole religieux de la féminité dans ses rapports avec la masculinité. Il a pris place dans la révélation biblique elle-même, pour dévoiler à sa manière un aspect essentiel de ce qu'on peut appeler le « mystère » féminin, corrélatif à la relation homme-femme. Ce thème ne pourra pas être longuement analysé, faute de temps et de place, car sa valeur biblique n'apparaîtrait pleinement que si on en comparait les données avec son emploi dans les diverses religions de l'ancien Orient : l'enquête risquerait d'être longue. Une fois que ce thème aura été survolé, je passerai à un aspect plus « pratique » du problème. Il faudra voir alors quelle était la condition concrète des femmes dans l'Église primitive, héritière de la tradition évangélique léguée par Jésus. J'enquêterai, pour le savoir, dans les textes qui permettent de l'entrevoir : en premier lieu, les épîtres pauliniennes ; puis les textes provenant de diverses épîtres qui tracent des règles de morale domestique. Quelques textes des évangiles permettront même, jusqu'à un certain point, de remonter vers la pensée et la pratique de Jésus.

Ce parcours permettra de rejoindre les questions d'actualité. J'ai mentionné plus haut l'initiative anglicane qui a ouvert la voie à l'ordination sacerdotale des femmes. Comment se présentait donc le recours aux ministères féminins dans l'Église du temps apostolique ? Ce point est important, si l'on se rappelle que l'autorité des apôtres a légué aux siècles suivants une tradition normative à laquelle l'Église s'est tenue fidèlement, en Occident comme en Orient. Faut-il s'y tenir encore strictement, ou bien n'y avait-il là qu'une donnée culturelle qu'on pourrait tenir actuellement pour dépassée ? Cette question a une importance capitale. Elle est d'ailleurs en relation étroite avec une série d'autres questions qui touchent à la conception de l'Église, de ses sacrements, de son culte... On voit que l'enquête ainsi ouverte mène fort loin. Mais le lecteur ne devra pas chercher ici un exposé complet des thèmes abordés. Il trouvera seulement une esquisse dont le but apparaîtra au terme de l'exposé. Non seulement son point de départ

« symbolique » sera alors rejoint, de telle sorte que le « mystère » de la condition féminine apparaisse comme éclairant pour dévoiler la relation du Christ et de son Église ; mais on comprendra aussi de quelle manière la tradition léguée par les apôtres continue de servir de guide aux chrétiens d'aujourd'hui, pour résoudre les problèmes que l'évolution des cultures leur pose. A défaut de solutions toutes faites, on peut poser au moins quelques principes indispensables.

25 septembre 1994.

I

LA CONDITION DE LA FEMME : INTERPRÉTATION SYMBOLIQUE ET RÈGLES DE VIE PRATIQUE

1
Le symbolisme religieux
de la féminité

Contrairement à ce que peut faire croire une méthode de réflexion abstraite, axée sur la recherche des « idées claires » et des « principes généraux », l'enquête sur le symbolisme religieux de la condition féminine dans le Nouveau Testament n'est pas superflue en théologie. Les sciences humaines peuvent utilement être appelées en renfort pour justifier ce point. Dans la mesure où elles échappent au dogmatisme positiviste que le XIXᵉ siècle présenta abusivement comme la condition de toute « science », elles font ressortir la valeur propre du langage symbolique comme expression normale – et inépuisable ! – de la pensée. La psychologie renouvelée par l'apport de la psychanalyse, l'ethnologie attentive à la liaison entre les comportements sociaux et les mythes, l'histoire des religions pratiquée dans une perspective phénoménologique, présentent à ce sujet des observations convergentes. Sans doute doivent-elles garder une conscience claire des limites dans lesquelles leurs méthodes les enferment : elles ne dévoilent pas *le sens ultime* des réalités terrestres, mais s'arrêtent nécessairement sur son seuil. Toutefois elles constatent que le langage humain, en recourant au mode d'expression symbolique, invite par lui-même à poser le problème de ce sens. Si donc la Parole de Dieu, dans la révélation biblique, vise à le dévoiler en recourant pour cela à un langage symbolique, celui-ci constitue du même coup une des bases essentielles de la réflexion théologique. La confrontation des symboles entre eux est nécessaire pour dissiper leurs ambiguïtés possibles : sous ce rapport, un effort de clarification doit toujours être entrepris. Mais les symboles, en raison de leur structure même, « donnent à penser » (pour reprendre l'expression de Paul Ricœur). En conséquence, une enquête sur la condition féminine dans le Nouveau Testament ne peut négliger la dimension symbolique que ses textes y découvrent : celle-ci constitue, en quelque sorte, l'horizon sur lequel se détachent les principes doctrinaux aussi bien que les règles pratiques.

I. A LA SOURCE DE L'ANTHROPOLOGIE BIBLIQUE

L'anthropologie biblique, dans le Nouveau Testament comme dans l'Ancien, ne recourt pas à des méthodes d'analyse philosophique : c'est tout juste si elle présente quelques contacts avec elles dans un livre comme la Sagesse de Salomon et dans quelques passages des épîtres pauliniennes. Aussi bien n'a-t-elle pas pour but direct d'étudier les rapports entre les hommes et la nature qui les entoure, ou les rapports des hommes entre eux dans la société politique. Ce qu'elle veut préciser, ce sont les rapports des hommes avec le Dieu vivant de qui ils tiennent leur existence, pour éclairer les deux premiers points à partir de là. Seule en effet la Parole de Dieu, à la fois créatrice et révélatrice, détermine de façon absolue le *sens* de l'existence de l'homme dans ses rapports aux autres et à la nature.

Le fondement de ce sens doit être cherché dans la relation qu'il entretient avec Dieu : il est créé « à son image et selon sa ressemblance » (Gn 1,26-27 ; on pourrait traduire : il est créé « comme son image – avec un *b*- "essentiae" – et selon sa ressemblance »). Ce fait, qui le différencie de tout le reste de la création, fonde son pouvoir sur celle-ci ; mais il fixe du même coup le genre de rapports que les individus nouent entre eux, soit comme partenaires sexuels (« mâle et femelle il les créa », Gn 1,27), soit comme membres de cette entité sociale qu'est le genre humain. Cette vue des choses n'est pas sans affinités avec l'exemplarisme sous-jacent aux mythologies antiques, mais elle en inverse le processus. En effet, en dépit des anthropomorphismes qui subsistent dans le langage de l'Ancien Testament [1], la divinité n'y est plus représentée sous une forme qui reproduit à l'état brut les traits de la société humaine. C'est au contraire l'homme, comme individu et comme société, qui est compris à l'image du Dieu invisible dont il porte en lui le reflet et dont il est ici-bas la seule image authentique : dans Gn 9,6, c'est ce principe qui fonde le respect de la vie humaine. L'exemplarisme ainsi compris est sous-jacent à tout l'Ancien Testament, bien que sa traduction pratique puisse y prendre des formes diversifiées suivant les contextes culturels où les livres sont composés. Pour s'en rendre compte, il suffit de comparer, par exemple, le Psaume 8, directement relié à Gn 1, et Sg 6,9, où la domination de l'homme sur la nature et l'organisation de la société sont évoquées dans un langage marqué par l'hellénisme : elles se relient à l'« amitié de Dieu » que la Sagesse divine peut seule apporter à l'homme.

Il est normal que, dans ce cadre général, le symbolisme des deux sexes soit repris, moyennant une réinterprétation originale. D'une part, le rapport entre les deux sexes est radicalement démythisé, puisque sa sacralisation n'est plus référée à un modèle divin dont il reproduirait les traits. A côté du Dieu antique, il n'y a pas de déesse parèdre, car ce n'est pas à ce titre que la Sagesse partage son trône (Sg 9,4 : *tèn tôn sôn thrónōn páredron sophían* ; cf. 9,10) : la Sagesse est un simple attribut divin personnifié [2], et Dieu se situe au-delà des

---

1. Cf. F. Michaéli, *Dieu à l'image de l'homme*, Neuchâtel, 1950.
2. La personnification est nette, par exemple, dans le texte de Pr 8,22-24 : la Sagesse est, en cet endroit « engendrée » par Dieu, « procréée » par lui *(qānâh)*. On peut rapprocher cette personnification de la figure égyptienne de *Ma'ât*, principe de l'ordre universel personnifié et divinisé (cf. l'article correspondant, *Dictionnaire des religions*, sous la direction de P. Poupard, PUF, ²1993, p. 1177).

différenciations sexuelles que sa Parole créatrice a données aux vivants pour assurer leur fécondité (cf. Gn 1,22.28). Du même coup, les anciens mythes de création qui mettaient en scène un dieu-géniteur et une déesse-mère (Enki et Ninḫoursag chez les Sumériens, El et ses deux épouses à Ougarit [3]) sont totalement éliminés, ainsi que les rites de magie imitative qui avaient pour but de régénérer la sexualité humaine et animale. Mais d'autre part, les divers symbolismes liés à la sexualité humaine sont repris en un sens nouveau. On le constate à propos des symboliques paternelle et maternelle. Si Dieu est Père, ce n'est pas seulement en tant que créateur, image qui pourrait encore faire de lui une sorte de procréateur ; c'est en vertu d'une Parole qui fait des hommes (c'est-à-dire, de son peuple, du roi d'Israël, etc.) des enfants d'adoption (Ex 4,23 ; Os 11,1, etc.) [4]. En conséquence, la symbolique maternelle descend du plan divin où les mythologies la plaçaient : elle représente uniquement la Communauté-Mère dont les individus sont les enfants (voir, par exemple, Ez 16,20 pour la communauté pécheresse, et Is 54,1, pour la communauté rachetée).

En connexion logique avec cette double représentation, le symbolisme qui s'attache au couple Homme-Femme est repris sous une forme inattendue à partir du prophète Osée, qui innove sur ce point d'une façon totale : il traduit maintenant le mode de relation que le Dieu créateur a inaugurée, de sa

---

3. Voir les textes, pour le mythe d'Enki et Ninḫoursag, dans J. Bottéro, *Lorsque les dieux faisaient l'homme : Mythologie mésopotamienne*, Gallimard, 1989, p. 165-180 ; pour le mythe de la naissance des dieux, trad. de A. Caquot, dans *Les religions du Proche-Orient*, Fayard-Denoël, 1970, p. 450-458.

4. L'image de l'engendrement, commune dans les mythologies où elle revêt un sens physique puisque les dieux ont à côté d'eux des déesses, est reprise à titre symbolique dans un certain nombre de textes : pour la Sagesse, fille de Dieu qui n'est qu'un attribut divin personnifié (Pr 8,22) ; pour le roi d'Israël, « engendré » par la parole d'adoption (Ps 2,7 ; 109,3 LXX). Mais il y a là une transformation du symbole, surdéterminé par le cadre monothéiste dans lequel il est repris. C'est en ce sens que le *Credo*, sous ses diverses formes, peut présenter le Christ comme « le Fils, engendré du Père », par opposition à la présentation hérétique qui le dit « créature du Père » (texte latin : « genitum, *non factum* »). Il est engendré en tant que provenant du Père dont il possède la nature.

propre initiative, avec la Communauté créée dont il a fait son Épouse (cf. Os 2 ; Ez 16 ; Is 54 : « Ton époux, c'est ton créateur », etc.). On aurait tort de voir là le simple reflet d'une société patriarcale où l'homme était en position dominante (= le créateur) par rapport à la femme (= la créature), ou encore la trace d'une conception antique de la fécondité où l'homme était censé jeter sa semence active dans le sein de la femme, à la façon du grain jeté dans la terre où il germe (cf. les mythes païens du dieu-géniteur et de la déesse-mère). Le symbolisme, sans perdre ses attaches avec les procédures du mariage antique où l'homme avait toujours l'initiative, a pour point de départ la situation irréductible (et impossible à modifier) de l'homme et de la femme dans leur relation interpersonnelle, au plan physiologique comme au plan psychologique[5]. Ce n'est pas la psychanalyse qui contredira cette appréciation : ne s'efforce-t-elle pas de cerner la genèse du psychisme, dans les individus des deux sexes, en fonction de l'emblème symbolique – le phallus – que l'un possède et que l'autre ne possède pas, de sorte que le type de relation sexuée qui est possible entre eux façonne à sa manière toutes leurs réactions inconscientes et détermine du même coup leurs comportements psychologiques ?

L'activité propre à l'homme *(vir)* dans l'exercice de sa sexualité, à tous les niveaux où on le considère, fonde donc la représentation de Dieu comme Époux. De même, la position propre du père dans cet « échange de paroles » qui institue la paternité et, en conséquence, la filiation où cette paternité est reconnue, fonde la représentation de Dieu comme Père[6], tandis que le groupe social qui donne naissance à l'indi-

---

5. En fait, Dieu a l'initiative dans ces épousailles symboliques qui figurent l'alliance : il accorde cette alliance en raison de son amour. Le thème est excellemment précédé dans la longue allégorie d'Ez 16,1-14, mais c'est pour y opposer l'ingratitude du péché humain.

6. Il importe de préciser un point important à propos de Dieu-Père et de Dieu-Époux. Le Père et l'Époux ne sont pas, comme tels, des *métaphores* qui attribueraient équivalemment à Dieu une sexualité masculine. Un quarteron de féministes américaines ont protesté contre ce langage qui dévaloriserait les femmes... Le symbolisme biblique n'est précisément pas de cette

vidu par la médiation de la femme est, de ce fait, représenté sous des traits maternels. La jonction des deux symboles du Père et de l'Époux permet de respecter la différence entre les deux sexes, bien que tous les individus soient dans une commune situation en face du Créateur : ils sont « des fils et des filles » par rapport au Dieu-Père et à la Communauté-Mère (la ville, le peuple, et à la limite l'humanité tout entière). Mais en tant que membres de cette Communauté-Mère, ils sont en position d'Épouse par rapport au Dieu-Époux. Tel est le symbolisme « naturel » qui découle de la Parole même du Créateur : celui-ci a fait les hommes et les femmes égaux en dignité en tant qu'ils sont « son image », mais radicalement différents dans leur mode de relation inter-personnelle.

II. LE SYMBOLISME DES DEUX SEXES DANS LE NOUVEAU TESTAMENT

Les mêmes symbolismes sont repris dans le Nouveau Testament, en prolongement direct des textes de l'Ancien, pour traduire un aspect essentiel de l'existence de l'« Homme nouveau », « créé selon Dieu dans la justice et la sainteté de la vérité » (Ep 4,24), cet Homme qui « se renouvelle à l'image de son créateur » (Col 3,10, avec allusion à Gn 1,26s.). Il faut toutefois distinguer ici le cas de la symbolique sponsale et celui de la symbolique paternelle et maternelle : sur ce point, le Nouveau Testament introduit un élément nouveau dans le langage de la révélation.

---

sorte. Ce n'est pas le Père ou l'Époux comme tels qui seraient les symboles de Dieu ; c'est la *relation* des enfants au Père et de l'épouse à l'Époux qui est le symbole de la *relation* des hommes et des femmes à Dieu-Père, et la *relation* de la communauté humaine choisie et aimée de Dieu qui est symbolisée par la *relation* de l'épouse à l'époux. Dans l'établissement de cette relation, Dieu a l'initiative, non par autorité mais par amour.

1. L'Église-Épouse et le Christ-Époux

Il n'est pas étonnant que Dieu apparaisse encore, et plus que jamais, en situation de Père. La bipolarité de la symbolique paternelle, qui associe autorité et promesse, puissance et amour, peut être laissée ici de côté, de même que le rapport de toutes les autres représentations de Dieu comme Roi, Maître, Juge, etc., à cette symbolique « primaire » dont elles sont les développements « secondaires ». Mais, contrairement à la situation que décrivaient les textes prophétiques de l'Ancien Testament, Dieu ne figure jamais en qualité d'Époux dans le Nouveau Testament. L'archétype masculin de l'Époux est maintenant reporté sur la personne du Christ. Un seul cas fait exception ; mais il ne se rapporte pas au régime de la nouvelle alliance. Dans Jn 4,16-18, si l'on accepte l'interprétation symbolique qui voit dans la Samaritaine la figure représentative de sa communauté [7], on comprend pourquoi celle-ci a eu cinq maris, les faux-dieux des *cinq* cités mentionnées dans 2 R 17,30-31, et pourquoi celui qu'elle a actuellement « n'est pas son mari » : elle n'est pas l'épouse du Dieu d'Israël, dont la communauté juive est la seule Épouse légitime, car « le

---

7. Dans le IVe évangile, on trouve à plusieurs reprises des personnages réels comme représentatifs de la catégorie à laquelle ils appartiennent. Dans le ch. 3, Nicodème est représentatif des pharisiens et des docteurs de la Loi qui ont quelque peine à comprendre les paroles de Jésus. Dans le ch. 4, la rencontre de Jésus et de la Samaritaine prélude figurativement à la future évangélisation de la Samarie, dont il est question dans Ac 8. Le dialogue se poursuit donc sur un double plan, et c'est toute la communauté samaritaine qui se profile derrière l'interlocutrice de Jésus. Pour cette interprétation symbolique de Jn 4,16-18, on objecte que le texte de 2 R 17,30-31 énumère exactement sept dieux mésopotamiens. Mais les paires de dieux mentionnées pour les Awwites et les gens de Sepharwayïm (17,31) peuvent compter chacune pour une seule divinité, surtout s'il s'agit de couples divins. Dans cette perspective, Adrammèlek et 'Anammèlek, dont les noms sont ouest-sémitiques semblent bien former le couple divin Hadad-milki et 'Anat-milki. L'essentiel est que les Samaritains aient primitivement adoré les dieux de cinq villes : la communauté « a eu cinq maris », mais son passage au culte de YHWH était une présentation usurpée : YHWH, « Époux » d'Israël n'est pas l'Époux de la communauté samaritaine. Tout le dialogue se déroule dans une parfaite logique, tout en passant du registre réaliste au registre symbolique.

salut vient des Juifs » (Jn 4,22). En dehors de ce passage, c'est toujours le Christ qui apparaît sous les traits de l'Époux, dans un nombre de textes limité mais significatif.

Lorsque ces textes sont des paroles de Jésus, il est vraisemblable qu'ils avaient à l'origine une simple valeur parabolique ; mais leur reprise dans les évangiles superpose, à cette valeur primitive, une interprétation allégorique probable où le Christ est visé derrière le symbole de l'Époux *(nýmphios)*, dans le cadre des noces *(gámos)*. On trouve ainsi, dans les Synoptiques, la parabole de l'Époux présent puis enlevé (Mc 2,19-20 ; Mt 9,15 ; Lc 5,34-35), la parabole du Festin dans sa recension matthéenne (Mt 22,1-10), la parabole des dix vierges propre à Matthieu (Mt 25, 1-13, avec une leçon finale de vigilance dans l'attente du retour de l'Époux). Le quatrième évangile y ajoute une parole de Jean Baptiste, présenté comme l'ami de l'Époux (Jn 3,29), et le récit symbolique des noces de Cana où Jésus, substitué à l'époux défaillant, donne aux convives le vin de la nouvelle alliance pour remplacer l'eau des purifications légales (Jn 2,3-11).

La figure de l'Église-Épouse en face du Christ-Époux reparaît dans trois livres qui l'exploitent à des titres divers. Sa mention la plus ancienne se trouve dans 2 Co 11,2. En cet endroit, Paul compare la communauté qui a reçu de lui l'Évangile à une Fiancée qu'il a présentée au Christ, Époux unique, comme une vierge pure. Cette évocation de l'humanité nouvelle, inaugurée dans l'Église, contraste avec l'attitude de l'humanité ancienne, semblable à Ève que le Serpent avait dupée (2 Co 11,3). Deux symboles féminins antithétiques permettent donc de comprendre comment les fidèles, hommes ou femmes, oscillent en quelque sorte entre les deux mondes du péché et de la grâce. L'allusion à Ève dupée par le Serpent n'est pas un reste inconscient de misogynie, analogue à celui qui pointe encore à travers un texte comme Si 25,24 (avec la même allusion à Gn 3)[8]. Mais pour comprendre exactement

---

8. En fait, on taxe le Siracide de misogynie en raison de son allusion à Ève : « C'est par une femme que le péché a commencé, et c'est à cause

ce point, il faudrait examiner de près les rôles respectifs de l'homme et de la femme dans le récit de la Genèse, que le Nouveau Testament suit fidèlement quand il évoque l'humanité pécheresse : suivant que l'accent est mis sur la fragilité ou sur la décision, les textes recouvrent à l'image d'Ève (1 Co 11,3) ou à celle d'Adam (Rm 5,12 s.). Toutefois ce point est ici secondaire. L'essentiel est de constater le recours à la symbolique du sexe féminin, pour représenter la situation de l'humanité en face du Christ : redevenue grâce à lui une « vierge pure » qui lui est présentée comme Épouse, elle reste néanmoins soumise à l'épreuve de la tentation et elle risque ainsi d'être à nouveau séduite, retournant à sa condition première que traduisait concrètement l'image d'Ève la pécheresse (2 Co 11,1-3).

Ève ancienne, ou nouvelle Ève ? Dans l'espace symbolique de l'imaginaire, la féminité a deux « valences » possibles, également liées à ce qui la différencie de la masculinité. La valence négative est exploitée systématiquement par l'Apocalypse johannique, quand celle-ci décrit la Prostituée fameuse qui séduit les rois de la terre, se saoule du sang des saints et fait campagne contre l'Agneau (Ap 17,1, 18,4). Mais la valence positive est seule présente, lorsque l'Église-Épouse fait face au Christ-Époux (Ep 5,22-33 ; Ap 19,7-8 et 21,2). En ces endroits, la beauté de la Fiancée, « resplendissante, sans tache ni ride ni rien de tel, sainte et immaculée » (Ep 5,27), est soulignée de façon exclusive, avec une allusion claire aux « actes de justice *(dikaiōmata)* des saints » (Ap 19,8). Cette beauté est uniquement due à l'action préalable du Christ lui-même, qui « a aimé l'Église et s'est livré pour elle, afin de la sanctifier en la purifiant par le bain d'eau avec une parole »

---

d'elle que nous mourons tous. » Tout le développement de 25,13-26 est consacré à la malice des femmes, ainsi que la suite dans 26,5-12. Mais on oublie de citer 26,1-4 et 26,13-18 qui fait l'éloge de la femme excellente. Les étudiants qui suivent les leçons de ce maître de sagesse apprennent ainsi à choisir sans se laisser emporter par les illusions de la jeunesse. L'auteur du livre n'est pas misogyne, mais il invoque l'expérience pour éduquer ses auditeurs en les amenant au réalisme.

(Ep 5,25-26), si bien qu'il se l'est présentée à lui-même comme Épouse (Ep 5,27).

Aussi la relation nouée entre le Christ et l'Église peut-elle être évoquée sous les traits des « noces de l'Agneau » (Ap 19,7), avec une allusion claire à l'Agneau égorgé (Ap 5,6) : il a « racheté pour Dieu au prix de son sang des hommes de toute race, langue, peuple et nation » (5,9), fondant ainsi une humanité nouvelle. Celle-ci est correctement représentée par une accumulation de symboles sociaux, mais elle est directement reliée à Dieu dont elle tient son existence : c'est « la Cité sainte, la Jérusalem nouvelle qui descend du ciel, de chez Dieu » (Ap 21,2). Une telle insistance sur l'amour *(agápē)* prévenant du Christ, qui est allé jusqu'à « se livrer » et donc à mourir pour son Épouse, permet de comprendre comment fonctionne l'application du symbole, quand on veut dévoiler à travers lui le nouveau type de rapports qui doit se nouer entre les époux humains (Ep 5,22-33). On aperçoit ici un lien très étroit entre l'anthropologie chrétienne et le symbolisme des épousailles.

2. La symbolique maternelle

Il y a un autre aspect de la symbolique féminine issue de l'Ancien Testament : l'expérience de la maternité permet aussi d'évoquer l'Humanité nouvelle sous les traits de la Communauté-Mère. En effet, le rattachement des hommes et des femmes à leur race par la femme qui les enfante, est un thème que le Nouveau Testament n'ignore pas. D'après une parole de Jésus que rapportent deux des Synoptiques, Jean Baptiste est appelé « le plus grand des fils de femmes » (Mt 11,11 et Lc 7,28). En fonction de cette expérience commune qui nous façonne au plan psychologique, la figuration féminine de la Communauté-Mère reparaît en deux endroits particulièrement importants : Ga 4,21-31 et Ap 12.

Dans l'épître aux Galates, les deux femmes d'Abraham représentent allégoriquement les deux alliances, c'est-à-dire les deux communautés fondées sur ces alliances (pour cet emploi concret du mot « alliance », cf. Dn 11,28). On a, d'une part, la communauté juive, la « Jérusalem actuelle » (4,25), qui relève encore de l'humanité ancienne et se trouve par le fait même en état d'esclavage puisqu'elle n'a pas été libérée par le Christ (cf. 5,1). Mais on a, d'autre part, la « Jérusalem d'en haut » qui est « notre mère », c'est-à-dire le peuple de la nouvelle alliance qui bénéficie de la promesse divine.

Cette communauté rachetée reparaît seule dans Ap 12 : le signe céleste de la Femme affrontée au Dragon représente l'humanité nouvelle dont le Christ est l'enfant premier-né. Le « reste de ses enfants » est constitué par « ceux qui gardent les commandements de Dieu et possèdent le témoignage de Jésus » (12,17). Notre fraternité avec le Christ passe ainsi par cette Mère, que sa fonction d'enfantement et sa situation en face du « Serpent antique qui est le Diable ou le Satan » (12,9) mettent en parallèle antithétique avec la « Mère des vivants » de Gn 3,20. L'insistance du texte sur le travail d'enfantement de la femme (12,2) ramène invinciblement la pensée vers celle par qui Jésus est rattaché à la race humaine. N'est-ce pas en effet la fonction propre de la femme que d'opérer ce rattachement physique de tous les individus à leur race, alors que la fonction du père concerne indiscutablement leurs droits sociaux ? Si Jésus est l'héritier des promesses faites jadis par Dieu, c'est qu'il est fils d'Abraham (Ga 3,16) et fils de David (Rm 1,3), et l'évangile selon saint Matthieu souligne que cet héritage passe par Joseph, non par Marie (Mt 1,1.16). Mais l'enracinement de Jésus dans le peuple juif ne fait que particulariser son enracinement dans la race humaine : « Lorsque vint la plénitude du temps, Dieu envoya son Fils[9], né d'une

---

9. Le titre de « Fils » donné à Jésus pour définir sa relation à Dieu comme « Père » ne se comprend qu'à partir de son humanité. Le langage symbolique employé dans ce cas se fonde sur le fait que Jésus s'adresse à Dieu en « Abba ! Père » (Mc 14,36), avec une nuance de familiarité qui traduit la relation intime dont il est conscient : la prière juive disait « Notre Père », avec confiance, mais sans cette familiarité qui est celle du petit enfant. L'« envoi » de ce Fils suppose une préexistence, non seulement dans les projets de Dieu comme dans le cas des prophètes, mais dans son être même

femme (= participant à la condition commune de la race humaine), né sous la Loi (= participant à la condition particulière du peuple juif) » (Ga 4,4).

A partir de ce point, la réflexion théologique se voit engagée dans une direction qui la conduit jusqu'à Marie, mère de Jésus : la Femme qui, dans Ap 12, représente la race humaine, prend grâce à elle des traits concrets et personnels [10]. Sa fonction maternelle, strictement attachée à sa féminité, est à la fois irréductible et irremplaçable dans la réalisation du dessein de Dieu, quand celui-ci « envoie son Fils » (Ga 4,4) pour opérer le salut des hommes. C'est effectivement à ce titre que le quatrième évangile montre Marie présente à deux moments cruciaux de l'histoire de Jésus, également liés à son « heure » et à la « manifestation de sa gloire » : l'épisode des noces de Cana et la croix. Aux deux endroits, Jésus s'adresse à sa mère

---

au sein du mystère du Dieu unique. Par là s'éclaire la profondeur de la connaissance mutuelle notée dans la parole de Jésus que rapportent Mt 11,27 et Lc 10,22 (voir mon commentaire dans *Les paroles de Jésus-Christ*, Desclée, 1986, p. 281-298, et *Dieu, le Père de Jésus-Christ*, Desclée, 1994, p. 173-176). Il est absurde de présenter comme une spéculation hellénistique ce qui est l'expression d'une expérience intérieure dont la profondeur est insondable.

10. La plupart des exégètes écartent l'interprétation « mariale » d'Ap 12, en l'opposant à l'interprétation « ecclésiale » qu'ils retiennent en fonction du symbolisme courant. Mais les « douleurs d'enfantement » (Ap 12,2) deviennent alors embarrassantes. Elles sont rapportées artificiellement aux douleurs de la passion de Jésus, par un rapprochement avec la comparaison de Jn 16,21. Mais il ne s'agit absolument pas de la même chose : la comparaison concerne la tristesse des disciples qui souffriront moralement de la passion de Jésus en retrouvant la joie grâce à sa résurrection. Une objection théologique est soulevée par les commentateurs qui veulent exempter Marie des « douleurs d'enfantement » liées aux conséquences du péché d'après Gn 3,16, puisque Marie a été préservée du péché. Mais dans ces conditions, il faudrait aussi regarder la mort de Jésus lui-même comme un événement contradictoire qui frapperait à tort son être sans péché. Le texte de Ap 12,5 fait clairement allusion à la naissance de Jésus-Messie (cf. Ps 2,9). Mais l'humanité nouvelle, personnifiée en Marie dans cet acte d'enfantement du Messie, est soustraite à l'emprise du « Dragon, l'antique Serpent qui est le Diable et Satan » (Ap 12,9), principe du péché et de la mort. Il est permis de lire ici, en filigrane du texte, l'exemption du Péché accordée à Marie et, en conséquence, son arrachement à la puissance de la Mort. Marie est ainsi l'archétype de l'Église.

en lui donnant le titre significatif de « Femme » (Jn 2,4 et 19,26) [11]. C'est dans cette femme que l'humanité s'incorpore, en quelque sorte, pour accomplir sa fonction maternelle à l'égard du Sauveur. On comprend du même coup pourquoi le thème de la conception « par l'opération du Saint-Esprit », commun aux deux évangiles de Luc et de Matthieu, n'est pas un élément secondaire dans les chapitres de l'enfance : l'humanité nouvelle est inaugurée par l'action de l'Esprit créateur en celui qui est son « enfant premier-né » ; c'est pourquoi elle sera, d'une façon radicale, soumise à la conduite de l'Esprit.

Si le thème est important en matière de christologie et de sotériologie, peut-on dire qu'il a aussi une portée révélatrice en matière d'anthropologie et d'ecclésiologie ? La réponse à cette question exige beaucoup de nuances, pour qu'on n'aboutisse pas à des conclusions abusives. Par exemple, il est tentant d'insister sur le caractère miraculeux de la conception *virginale*, pour entourer l'incarnation d'un halo de merveilleux. Or l'insistance des récits évangéliques porte d'abord sur l'intervention *de l'Esprit Saint* comme puissance créatrice (Lc 1,35 et Mt 1,20). Le fait de la conception intervenue en dehors de toute intervention virile a, dans cette perspective, une signification très précise : il permet d'abord à Marie et Joseph, et à nous après eux, de comprendre *par ce signe* [12] leur vocation particulière et unique dans le dessein de Dieu. Plus que des

---

11. Le mot grec *gynê* revient dans Gn 2,22-24 et 13 fois dans Gn 3. L'arrière-plan sémitique du mot est assuré, aussi bien en hébreu qu'en araméen.

12. En supprimant ce signe, par crainte d'introduire un élément « merveilleux » dans le récit évangélique, on rend incompréhensible le rôle de Marie et de Joseph comme éducateurs de Jésus, qui doit « croître en sagesse, en taille et en grâce devant Dieu et devant les hommes » (Lc 2,52). La vocation des deux « parents » (Lc 2,27) n'a pas nécessairement été comprise tout de suite par eux en plénitude : le récit de Lc 2,43-50 suffit à le prouver (« ils ne comprirent pas », 2,50). Pourtant, c'est à partir de sa relation à Joseph comme « père » (2,48b) que Jésus a pu trouver le langage qui lui permettait de parler de Dieu en disant : « Mon Père » (2,49b). La conception virginale de Jésus, signe de l'incarnation pour Marie et Joseph, n'est compréhensible comme une possibilité que dans l'orbite de l'incarnation, beaucoup plus étonnante et plus impossible encore à vues humaines.

« annonces de naissance », Lc 1,26-38 et Mt 2,18-25 sont donc des « récits de vocation ». De même, il serait abusif d'arguer de la conception virginale pour jeter un discrédit sur l'activité sexuelle de l'homme et de la femme dans la procréation ou dans les manifestations de l'amour conjugal, comme si la naissance de Jésus devait être arrachée aux servitudes de la sexualité pour assurer sa sainteté parfaite [13]. En réalité, si on lit correctement les deux textes, l'appel de Marie à la virginité coïncide avec sa vocation à une maternité qui aura pour terme le Saint par excellence, le Fils de Dieu (Lc 1,34-35). Et si Joseph « ne la connaît pas » (Mt 1,25), c'est pour accomplir paradoxalement son rôle paternel à l'égard de l'enfant en qui se réalise le mystère de « Dieu avec nous » (Mt 1,23). Sans cette vocation exceptionnelle, que les deux évangélistes font intervenir au moment où va se réaliser le mariage de Joseph et de Marie, l'intention des deux époux ne serait-elle pas de mener la vie commune dans la perspective courante ? Joseph « le juste » (Mt 1,19) est formé, sur ce point, à l'école de l'Ancien Testament, et Luc n'hésite pas à présenter la conception de Jean par ses parents âgés, « justes et irréprochables » (Lc 1,5), comme le signe de la bénédiction de Dieu (1,25.36).

La sexualité n'est donc aucunement dévaluée par les récits évangéliques. Mais il reste un fait irréductible qui doit être pris en considération par la réflexion théologique : dans la réalisation du dessein de Dieu, les deux sexes jouent un rôle différent. Pour se manifester ici-bas comme « Dieu-avec-nous », Dieu « envoie » son verbe : il assume du même coup

---

13. C'est une fausse conception du « péché originel » que d'imaginer une transmission de la « culpabilité » d'Adam et Ève à toute leur descendance par voie de génération. Cette représentation est courante dans les esprits de nos contemporains, généralement pour critiquer le dogme. Le Concile de Trente, qui ne confondait pas l'*état* de péché attaché à la naissance dans la race humaine avec une *culpabilité* involontaire, avait soigneusement évité le mot « generatione » pour expliquer sa transmission (« propagatione non imitatione transfusum » : Session V, n° 3, dans Denz-Schönm. n° 1513). Il est tout à fait dommage que le mot « generatione » ait été repris par l'encyclique *Humani generis* dans le passage consacré au polygénisme : c'est une inadvertance regrettable qui peut fausser les idées des lecteurs non avertis.

la masculinité en lui donnant par là une certaine fonction révélatrice [14]. Mais il ne le fait pas sans une femme, appelée la première à croire en ce mystère (cf. Lc 1,38) : elle remplit ainsi, au nom du genre humain tout entier, une fonction maternelle qui est également révélatrice. On peut relire dans cette perspective le texte de l'Apocalypse cité plus haut (Ap 12). Alors on n'hésite pas à souligner le réalisme corporel de cette maternité : la Femme « est enceinte et crie dans les douleurs et le travail d'enfantement » (12,2). Il n'est pas nécessaire de comprendre ces douleurs en un sens métaphorique, par exemple en les rapportant aux souffrances de la croix [15]. Il serait curieux que le premier-né de l'humanité nouvelle doive souffrir la mort en liaison avec le texte de Gn 3,19 (cf. 2,17), alors que sa mère échapperait à la condition commune des femmes telle que l'évoque Gn 3,16a. Mieux vaut rappeler le réalisme que suppose le texte de Lc 11,27-28 : « Heureuses les entrailles qui t'ont porté et les mamelles que tu as sucées. »

Ce rôle propre à chacun des deux sexes dans le mystère du salut ne met aucunement sur le même plan Jésus, médiateur unique de la nouvelle alliance (1 Tm 2,5 ; He 8,6 ; 9,15 ; 12,24), et Marie, « comblée de grâce » (*kekharitôménē*, au participe passif : Lc 1,28) par une libre initiative divine, donc sauvée en premier lieu pour accomplir sa fonction maternelle [16]. Mais il reste vrai que c'est dans la mère de Jésus

---

14. Il y a une connexion entre la masculinité de Jésus et la façon dont il révèle Dieu comme Père, non en ce sens que Dieu aurait un sexe, mais en ce sens que ce sont les pères humains qui présentent dans leur être une image concrète de Dieu en tant que Père. Dans la *relation* de l'humanité – hommes et femmes –, à Dieu, ce n'est pas la même chose qu'il soit représenté comme Père ou comme Mère, bien que dans le cas présent Dieu absorbe dans son être l'autorité paternelle *et* la tendresse maternelle. C'est pourquoi l'humanité peut être créée, homme et femme, à l'image de Dieu (Gn 1,27). Mais une incarnation de Dieu féminine, corrélative à une déesse-mère, produirait un tout autre sentiment religieux, d'ordre à la fois émanatiste quant à l'origine et fusionniste quant au désir mystique qui s'y développerait.

15. Cf. *supra*, la note 10.

16. C'est exactement le sens du dogme de l'« immaculée conception » de Marie. La théologie orientale traduit la même idée fondamentale en quali-

que s'opère, en vue de cette fonction, la transformation de l'humanité ancienne à laquelle Marie appartient comme fille d'Ève, en humanité nouvelle qui donne naissance au Fils de Dieu. Une fois ce point établi, il convient de se demander si la connexion qui existe, au plan symbolique, entre Jésus et toute masculinité, Marie et toute féminité, n'est pas susceptible d'entraîner des conséquences dans la compréhension des structures nouvelles qui donnent forme d'Église à l'humanité rachetée. Non certes dans l'ordre du salut, auquel hommes et femmes sont appelés au même titre ; mais dans l'ordre de la manifestation de ce salut, qui se coule dans les institutions de l'Église.

Il est sans doute délicat de porter un jugement sur ce point. Néanmoins, on peut s'interroger sur un fait important : est-ce en vertu d'un simple hasard, dû aux conditions culturelles de son temps, que Jésus a choisi pour envoyés directs, pour « apôtres », des hommes et non des femmes ? Est-ce pour la même raison que certains ministères ont été confiés, par les apôtres de Jésus et leurs délégués immédiats, à des hommes et non à des femmes ? On objectera que ce dernier point est contesté par beaucoup de gens. Effectivement, il s'agit là d'une question de fait qui ne peut être résolue *a priori* sans analyser avec précision les textes du Nouveau Testament : comment ces textes décrivent-ils le comportement de Jésus et de ses apôtres, dans l'appel des hommes et des femmes aux divers ministères ? Il faudra revenir plus loin sur ce sujet. Mais quand il s'agira d'apprécier le comportement de Jésus et des siens, on ne doit pas perdre de vue la logique propre du système symbolique dans lequel l'incarnation du Fils de Dieu s'est inscrite, ou mieux, que cette incarnation a assumée pour lui donner un fondement et un sens nouveaux. Deux erreurs contraires doivent alors être évitées. La première entérinerait les habitudes culturelles du monde ambiant, juif ou grec, à l'époque du Nouveau Testament, en réintroduisant dans

---

fiant Marie de *panagía*, « toute sainte ». Mais l'Orient n'a pas connu les controverses occidentales sur le péché originel.

l'humanité nouvelle le principe de la supériorité masculine qui marquait à des degrés divers l'humanité ancienne (cf. Gn 3,16b, avec l'allusion à la « domination » de l'homme). La seconde partirait de la nouveauté radicale introduite ici-bas par Jésus-Christ en oubliant de donner toute sa valeur au fait irréductible qui vient d'être signalé. Cette donnée devra être reprise, lorsque le problème des ministères féminins sera examiné en détail.

2

La condition féminine
d'après les épîtres pauliniennes

Pour étudier le symbolisme religieux de la condition féminine, nous avons déjà fait appel à quelques textes pris dans
les épîtres de saint Paul. Nous devons maintenant nous rapprocher davantage de la vie concrète, en cherchant dans le
Corpus paulinien la trace des principes théologiques, des
règles de vie pratique, de la discipline qui présidait aux assemblées communautaires, etc. Toutefois, plusieurs faits restrei-
gnent ici le champ de la recherche. Tout d'abord, on peut
laisser provisoirement de côté deux textes qui énumèrent les
devoirs domestiques (Col 3,18-19 et Ep 5,22-33), pour les
regrouper avec le texte parallèle de la *Prima Petri* (1 P 3,1-5).
Ensuite, l'exposé doit tenir compte des problèmes critiques que
posent certaines épîtres « pauliniennes ». Les épîtres pastorales
diffèrent tellement des grandes épîtres, aussi bien par leur langage théologique que par leurs dispositions pratiques et par
l'organisation ecclésiastique à laquelle elles sont adaptées,
qu'il est tout indiqué de les traiter à part, non loin de l'œuvre
de Luc avec laquelle elles présentent des affinités. Le recoupement entre ces options critiques et ces motifs d'ordre pratique nous conduisent ainsi à renvoyer au chapitre suivant
toutes les données qui ne se trouvent pas dans le groupe des
« grandes épîtres », c'est-à-dire : 1 Th, Ga, 1-2 Co, Ph, Rm
(2 Th ne fournit rien qui soit utilisable dans l'enquête pré-

sente). Un passage de la première lettre aux Corinthiens nous obligera déjà à examiner la place des femmes dans les assemblées liturgiques (cf. 1 Co 11 et 14) : il y aura là une anticipation sur l'étude des ministères féminins, que nous aborderons dans notre deuxième partie.

I. L'HOMME ET LA FEMME, ÉGAUX DANS LE CHRIST
(Ga 3,26-28)

1. Analyse de Ga 3,26-28 et des textes parallèles

a) *Galates 3,26-28*

En étudiant le symbolisme de la féminité, nous avons examiné plus haut deux passages de l'épître aux Galates (Ga 4,4 : le Christ est « né d'une femme » ; Ga 4,21-31 : les deux alliances sont représentées allégoriquement par deux femmes). Un troisième passage touche directement à la condition de la femme dans l'Église. Après avoir expliqué que, la foi étant venue, nous ne sommes plus sous la tutelle de la Loi, Paul poursuit :

« Vous êtes tous fils de Dieu, par la foi, en Christ Jésus. Vous tous en effet, baptisés dans le Christ, vous avez revêtu le Christ. Il n'y a pas de Juif ni de Grec, il n'y a pas d'esclave ni d'homme libre, il n'y a pas d'homme ni de femme (litt : "de mâle ni de femelle") ; car tous vous êtes un en Christ Jésus » (Ga 3,26-28).

La perspective de la foi, du baptême et de la filiation divine, l'insistance sur le fait que les baptisés ont « revêtu le Christ », montrent quel est l'horizon de tout le développement : c'est la description de l'humanité nouvelle, régénérée en Jésus Christ. L'humanité ancienne, soumise à la domination du péché, était scindée en groupes antagonistes. Ces causes de scission sont surmontées grâce au Christ, qui refait son unité.

La tripartition adoptée dans le développement ne doit pas faire illusion : la coupure de l'humanité s'opère sur un grand nombre de plans qui s'entrecroisent.

34

– 1) La première scission, « Juifs et Grecs », touche à trois plans à la fois : elle est *nationale* en opposant Israël, « nation » reconnue et protégée par l'empire romain, aux Grecs, nation dominante depuis l'empire d'Alexandre ; elle est *culturelle*, opposant à une culture fondée sur l'Écriture et intimement liée à la foi, à une culture véhiculée par la langue grecque mais reliée au paganisme par son milieu originel et ses productions littéraires ; elle est *religieuse* enfin, opposant le statut du peuple de Dieu dans le dessein de salut, à celui des nations païennes apparemment tenues en dehors de ce dessein.

Un texte parallèle de l'épître aux Colossiens (Col 3,11) montrera que cette distinction des trois plans n'est pas arbitraire.

– 2) La deuxième scission (esclaves et hommes libres) est intérieure à toute société qu'unissent par ailleurs des liens nationaux ou culturels : elle oppose deux classes d'hommes au plan *politique* (les hommes libres possèdent seuls tous les droits, et les esclaves n'en ont aucun) et au plan *économique* (les hommes libres vaquent aux affaires de la cité ou du commerce, et les esclaves sont en principe la propriété d'autrui).

– 3) La troisième scission pose un problème un peu plus complexe. La façon dont elle est évoquée fait clairement allusion au récit de la création dans Gn 1 : « Il les créa mâle et femelle » (Gn 1,27). Concerne-t-elle simplement la dialectique « naturelle » qui se joue dans les relations entre les hommes et les femmes ? Cette façon de voir ne va pas au fond des choses. En effet, d'une part, les hommes et les femmes, réconciliés dans le Christ et ramenés par lui à l'unité, n'en restent pas moins « mâles et femmes », pour reprendre le texte de la Genèse. D'autre part, s'ils ont besoin d'être réconciliés, c'est en raison de la condition faite aux femmes dans l'humanité pécheresse : « *Ta convoitise* te poussera vers ton mari, disait le Dieu-Juge à la femme, et lui, *il dominera sur toi* » (Gn 3,16). Ce sont donc *les conditions sociales respectives des hommes et des femmes* qui sont visées ici, aussi bien dans le monde grec que dans le monde juif. La direction de la société se trouvait en effet entre les mains des seuls hommes – sauf exceptions d'autant plus remarquées qu'elles étaient plus rares. Les hommes exerçaient leur autorité sur les femmes dans le domaine de la vie familiale comme dans celui de la cité. En pratique, la sujétion légale des femmes pouvait évidemment être tempérée par des accommodements réels, et un certain mouvement féministe se dessinait justement dans le monde gréco-romain au Iᵉʳ siècle de notre ère [1]. Mais cette sujétion n'en était pas moins une condition juridique définie par la coutume.

Tous les aspects de la vie sociale sont donc englobés dans la formule paulinienne, qui les présente sous la forme d'oppositions dialectiques entre des catégories antagonistes. Le principe de l'unité dans le Christ, en introduisant une réconciliation entre Juifs et Grecs, esclaves et hommes libres, hommes et femmes, postule la restauration d'une totale *égalité de droits* entre les catégories sociales précédemment coupées les unes des autres. Il ne laisse pas du tout entendre que la coupure entre ces catégories sociales et l'inégalité qui les fonde, soient « de droit naturel » et ressortissent à l'ordre de la création. Il y montre au contraire les stigmates d'une création perturbée par le mal, et c'est pour cela que la rédemption de l'humanité dans le Christ a pour fruit le rétablissement de son unité, moyennant un bouleversement de ses inégalités sociales. Il va de soi que Paul, pas plus que les groupes dispersés de chrétiens, n'avait aucune possibilité de modifier le droit écrit ou coutumier, dans le paganisme ou dans le judaïsme. Mais la pratique des mœurs chrétiennes exigeait que, dans les communatés locales, « Juifs et Grecs, esclaves et hommes libres, hommes et femmes », se retrouvent « un en Christ Jésus ». L'ordre réel de la société chrétienne, le voilà,

---

1. Sans même recourir aux études sociologiques plus approfondies, on peut se rapporter à J. Carcopino, *La vie quotidienne à Rome*, Hachette, 1939, p. 112-118. La situation d'incapacité juridique des femmes en droit romain est rappelée par Y. Thomas, dans *Histoire des femmes en Occident*, sous la direction de G. Duby et M. Perrot, Plon, 1990, p. 145-156.

et tant que la société n'en est pas là, elle n'est qu'une contre-façon de monde chrétien, puisque les scissions dues au péché continuent de la dominer. La construction de l'unité humaine n'est pas un but facultatif. Mais il faut évidemment s'attendre à voir le dynamisme chrétien se heurter, sur tous les plans signalés plus haut, à la résistance de la « chair » pécheresse.

b) *Textes parallèles*

Deux textes parallèles et une allusion plus ténue confirment cette interprétation de l'épître aux Galates, où les rapports entre les hommes et les femmes ne sont abordés que sous l'angle de l'égalité en dignité et en droits. Dans 1 Co 12,13, au début d'une longue parabole qui développe le thème des membres nombreux et divers dans un corps unique, Paul écrit : « Nous avons tous été baptisés dans un seul Esprit pour ne faire qu'un seul Corps : Juifs ou Grecs, esclaves ou hommes libres. » La fable antique de Ménénius Agrippa s'efface ici devant une réalité qui commande toute la suite du texte : celle du corps du Christ, principe de l'unité humaine. « Le pain que nous rompons n'est-il pas communion au corps du Christ ? Parce qu'il n'y a qu'un pain, à plusieurs nous ne sommes qu'un Corps, car tous nous participons de ce pain unique » (1 Co 10,16b-17). C'est pour cela que l'humanité régénérée par l'Esprit, et donc recréée dans le Christ, constitue le Corps du Christ dont tous les membres sont solidaires, même s'ils ont des fonctions différentes (cf. 12,14-26). La réconciliation des Juifs et des Grecs, des esclaves et des hommes libres, n'est rendue possible que par leur commun accès à une égalité de droits qui rejoint le dessein originaire du Créateur.

On voit à quelles conditions peuvent être surmontées les oppositions entre nations et cultures, entre classes économiques et politiques. La formule de Col 3,9-11, plus élaborée encore, inculque le même principe : « Vous vous êtes dévêtus du vieil homme avec ses pratiques, et vous avez revêtu le nouveau, qui se renouvelle en vue de la connaissance à l'image de Celui qui l'a créé : là il n'y a plus de Grec et de Juif, de circoncision et d'incirconcision, de Barbare, de Scythe, d'esclave, d'homme libre, mais le Christ qui est tout et en tout. » En tête de l'énumération, quelques manuscrits ajoutent : « (Il n'y a plus) d'homme et de femme (litt. : de mâle et de femelle). » Mais il s'agit visiblement d'une addition secondaire introduite sous l'influence de Ga 3,28. Cette fois, les distinctions des catégories sociales recouvrent le champ des *nationalités* (Juifs et Grecs), des *statuts religieux* (circoncision et incirconcision, d'après Gn 17), des *cultures* (Barbares et Scythes, par opposition aux Grecs et aux Juifs), des *statuts socio-économiques et socio-politiques* (esclaves et hommes libres). Le principe des oppositions dialectiques relève donc bien du droit positif qui confère des conditions inégales aux membres de la communauté humaine et, en brisant ainsi leur unité, contredit les intentions du Créateur. L'humanité nouvelle (= l'« Homme nouveau », cité dans le texte) rejoint cette intention en « se renouvelant à son image » (3,10), formule qui reprend celle de Gn 1,26s. : « Dieu créa l'Homme (= l'humanité) à son image ; à l'image de Dieu il le créa, mâle et femelle il les créa. » L'allusion aux deux sexes ne reparaît plus ici, mais le recours à la formule de Gn 1,26s. la rend implicite.

En plus bref, Rm 10,12 proclame de même : « Il n'y a pas de distinction entre Juif et Grec : tous ont le même Seigneur, riche envers tous ceux qui l'invoquent. » On en dirait autant pour les hommes et les femmes, les esclaves et les hommes libres, les gens cultivés et les barbares. Il s'ensuit que leurs relations, dans le Christ, se trouvent radicalement modifiées : les communautés chrétiennes doivent être le lieu d'une réconciliation fraternelle où tous les membres du genre humain, par-delà leurs diversités, retrouvent un sens de l'estime mutuelle et un souci du « bien commun » authentique qui fait sauter toutes les barrières.

2. Conséquences du principe de l'unité dans le Christ

L'examen de ces quatre textes n'était pas inutile pour préciser le point de vue auquel saint Paul se place, quand il pose le principe de l'égalité dans le Christ. C'est lui en effet qui détermine le genre de conclusions qu'on peut légitimement tirer de Ga 3,26-28, pour le problème examiné ici.

a) Saint Paul ne s'occupe pas directement, en cet endroit, des rapports inter-personnels de l'homme et de la femme dans l'institution du mariage, mais *du statut des deux sexes dans la société à laquelle ils appartiennent.* Le principe de l'égalité de nature et de droits, tel qu'il le pose, entraîne évidemment des conséquences dans le domaine familial, dans la mesure où certaines coutumes sociales seraient fondées sur le principe de l'inégalité, ou bien si les comportements des hommes à l'égard de leurs épouses supposaient admis ce principe (« et lui, il *dominera* sur toi », Gn 3,16). Mais il faut examiner d'autres textes pour voir comment Paul abordait ces problèmes particuliers dans les instructions pastorales qu'il donnait aux fidèles : celles-ci, tout en se référant au principe de l'égalité et de l'unité dans le Christ, ne pouvaient pas faire abstraction des conditions socio-culturelles où les époux devaient vivre.

b) Les deux références à Gn 1,26-27 qu'on a relevées dans Ga 3 et 1 Co 12, montrent que *le principe de l'égalité des deux sexes « dans le Christ »,* c'est-à-dire dans cette humanité nouvelle que le Christ a fait accéder à l'univers de la grâce, *respecte intégralement leur différence irréductible.* Cela suppose qu'en pratique il faudra toujours prendre en considération les fonctions propres à leur état physique et à leurs dispositions psychologiques. Le jugement à porter sur ce point n'est pas donné tout fait. Il comporte une part d'appréciation liée à l'état et à la diversité des cultures, ce qui peut y entraîner de grandes variations pratiques. Mais un point reste en dehors de ces variations : *la fonction de la maternité* est, de toutes celles qui sont théoriquement possibles aux femmes, la plus spécifique, la plus irremplaçable, la plus nécessaire aussi, puisque c'est grâce à elle que le genre humain exerce son pouvoir de fécondité pour se perpétuer : l'homme lui-même « vient par la femme » (1 Co 11,12). L'ironie amère d'Aldous Huxley dans *Le meilleur des mondes*[2] ramène sur ce point tous ses lecteurs au réel, et les diatribes de certains mouvements féministes contre les servitudes de la maternité n'y changeront jamais rien, en dépit des expériences de quelques apprentis sorciers qui préconiseraient la supériorité de la fécondation *in vitro*. Mais cet aspect irréductible de la féminité entraîne des conséquences. L'égalité de nature et de droits entre les sexes suppose que la solidarité entre hommes et femmes joue pleinement pour que les aspects « onéreux » de la maternité soient pris en charge solidairement, non seulement par les époux qui en sont responsables en commun, mais, au-delà d'eux, par la société entière dont l'avenir dépend totalement de cet acte où la satisfaction des désirs personnels rejoint les finalités obscures de l'espèce.

Naturellement, il y a une marge considérable entre l'idéal ainsi proposé et sa mise en application dans les rapports entre les sexes. Mais la compréhension chrétienne de ce point entraîne normalement un réajustement constant de la condition des femmes, en tant qu'épouses et en tant que mères, en tant que membres d'une société où l'inégalité juridique est directement contraire à ce qu'on peut appeler le « droit naturel » (en entendant par là l'intention du Créateur). Le droit positif des sociétés civiles (et de l'Église qui doit s'y adapter pour y vivre) ne sera jamais qu'un compromis plus ou moins instable entre un principe évangélique inaliénable, qui est un

---

2. *Le meilleur des mondes (The Brave New World)* a été rapidement traduit en français. L'auteur lui a donné une nouvelle Préface en 1946, après l'expérience de la guerre mondiale. Le chap. I commence par une visite du laboratoire où l'on prépare l'incubation artificielle des individus, prédéterminés à leurs futures fonctions dans la société. Dans ce monde nouveau, mettre un enfant au monde, pour une femme, quelle horreur ! On est tenté d'établir des parallèles avec les expériences de certains généticiens actuels, mais ce serait sans doute peu charitable.

but à « viser », et une réalité marquée par toutes les tares humaines.

c) Le principe de l'égalité « dans le Christ » ne touche d'ailleurs à la société civile, à ses institutions et à son droit, que par voie de conséquence. *Il vise en premier lieu la vie concrète de l'Église.* Toutefois l'épître aux Galates comme l'épître aux Colossiens se placent exclusivement, pour le poser, *dans une perspective baptismale.* Là même où Paul mentionne la suppression de la différence entre hommes et femmes (Ga 3,28, qui parle de « mâles et femelles » en renvoyant implicitement à Gn 1,26-27), il vise l'égalité de tous *par rapport à l'héritage de la promesse accomplie en Jésus Christ* (Ga 3,29), l'égalité dans « le renouvellement intérieur à l'image du Créateur » (Col 3,10, avec un nouveau renvoi à Gn 1,26-27). Le problème de la structuration interne de l'Église et celui des ministères sur lesquels ses communautés s'articulent ne sont absolument pas envisagés en ces deux endroits. Ce serait donc abuser du texte de Ga 3,28 que de l'appliquer directement à ces problèmes, à moins qu'un raisonnement plus complexe ne permette de le faire légitimement en y voyant un principe général dont l'organisation des ministères ne serait qu'un cas particulier ; mais il faudrait alors trouver un moyen terme pour justifier l'application du principe.

Peut-on invoquer comme moyen terme le texte de 1 Co 1,12,13, parallèle à Ga 3,26-28, où le principe de l'unité de tous dans le Corps du Christ intervient au sein d'une réflexion sur la diversité des dons de grâce, des ministères et des activités (12,4-7) ? A cette question, il faut répondre négativement. En effet, d'une part, les mots « homme et femme » (litt. : « mâle et femelle », *ársēn kaì thêlu* non pas « homme et femme », *anḗr kaì gynḗ*) ne figurent justement pas en cet endroit, et aucune recension des manuscrits anciens n'a éprouvé le besoin de l'y introduire comme en Col 3,10. Ce n'est pas un oubli, car Paul avait mentionné le rôle des hommes et des femmes dans l'assemblée cultuelle en 1 Co 11,3-15. D'autre part, le principe de la solidarité entre les membres du Corps du Christ ne se comprend que moyennant leurs différences (cf. 12,14-26), manifestée par la différence des dons de grâce, ministères et activités (12,11), destinée à la réalisation du bien commun et donc soumise à ses exigences (12,7). Or, s'il est vrai que la différence entre Juifs et Grecs, esclaves et hommes libres, ne peut aucunement jouer pour la distribution des divers charismes, l'aptitude des hommes et des femmes aux différentes activités et ministères n'est pas nécessairement identique. Rien dans le texte ne permet de savoir quelle était la pensée de saint Paul sur ce point précis : il faut recourir à d'autres passages des épîtres pour répondre à une telle question. *Le problème des ministères a en effet un caractère spécifique qui ne relève pas des lois générales de l'existence chrétienne.* C'est pourquoi nous y consacrerons une étude spéciale.

II. AUTOUR DE L'ÉTHIQUE SEXUELLE

Nous rassemblerons ici des données qui concernent toutes l'éthique sexuelle, en dehors du mariage ou dans le mariage. Mais nous nous placerons exclusivement au point de vue de la condition féminine, soit dans la société antique en général, soit dans la communauté chrétienne. La plupart des textes utilisés se trouvent dans la première épître aux Corinthiens, mais plusieurs sont à glaner dans quelques autres épîtres.

1. Le texte de Rm 1,24-27

Dans Rm 1,24-27, les comportements sexuels sont envisagés comme *des faits socio-culturels* qu'affectent des tares très graves. Le diagnostic de Paul porte également sur les deux sexes, soit en ce qui concerne l'impureté avilissante pour les corps (1,24-25), soit en ce qui concerne l'homosexualité « contre nature [3] », c'est-à-dire contraire à l'usage voulu par le Créateur (1,26-27). On constate ainsi que, pour Paul, il n'y a pas deux morales : hommes et femmes sont soumis aux mêmes exigences. Les « convoitises du cœur » (1,24) rendent difficiles la fidélité à ces exigences. Paul ne l'ignore pas : ces convoitises montrent que les hommes, juifs comme païens, sont « sous le Péché » (Rm 3,9), dominés par la force obscure de cette Puissance mauvaise qui est un des acteurs secrets de leur histoire [4] (cf. Rm 5,12 ; 7,14.17.20). Aussi bien, les désordres présentés dans Rm 1,18-32 comme des pratiques courantes, à l'aide d'expressions qui sont toujours au pluriel (à la différence de Rm 2,5-16, où la perspective s'ouvre sur les comportements individuels), ne sont-ils pas les *motifs* de la Colère de Dieu, mais son *résultat* : parce que Dieu a d'abord été méconnu de façon inexcusable (1,20-23), il « a livré » les hommes aux dérèglements de leur cœur enténébré (1,24.26 ; cf. Ep 4,17-19). Ceux d'entre eux qui s'en rendent personnellement coupables sont évidemment sous le coup de son Jugement, qui se dévoilera au « jour de la Colère » (2,5.8) ; ils ne pourront donc entrer dans le Royaume de Dieu (Ga 5,19 ; 1 Co 6,19 ; cf. Ep 5,5). Les comportements sexuels (Rm 1,24-27) sont à cet égard dans la même situation que tous les autres comportements sociaux (1,28-32).

Les hommes et les femmes sont également visés par cette annonce prophétique du Jugement. Le texte paulinien mériterait d'être comparé, sur ce point, aux tableaux de mœurs que la comédie et le roman brossaient à la même époque, en Grèce comme à Rome, sans oublier les allusions des historiens aux

---

3. L'emploi de l'expression *parà phýsim* en cet endroit montre que Paul ne refuse pas à recourir au langage de la philosophie stoïcienne. Mais le sens qu'il y coule est en rapport avec sa conception de la création, qui règle moralement l'usage des choses créées. J'ai rappelé ce principe à plusieurs reprises dans le livre : *Problèmes de morale fondamentale : Un éclairage biblique*, Cerf, 1982, p. 60-64, 94-96, 104-106 (à propos de la terminologie de saint Thomas).
4. Ici encore, je puis renvoyer à des exposés précédents : *Péché originel et rédemption examinés à partir de l'épître aux Romains*, Desclée, 1972, p. 100-103, 122 s. (voir la table analytique).

dégradations de la moralité publique. Mais les Juifs auraient tort de reporter cette critique sur le seul monde païen : Paul rappelle à ceux qui « se reposent sur la Loi » (2,17-20) qu'en y manquant eux-mêmes ils se placent aussi sous le Jugement de Dieu (2,1-2). Parmi les exemples donnés en cet endroit, on trouve le cas de l'adultère, avec une allusion au Décalogue (2,22 ; cf. Ex 20,14). Le contexte laisse entendre que les hommes sont visés en premier lieu par cette diatribe, puisqu'ils avaient seuls la parole pour expliquer la Loi et critiquer en son nom les mœurs des païens. L'éthique sexuelle est donc bien la même pour les hommes et pour les femmes.

2. Les textes de 1 Co 5,1-5 et 6,13-20

a) *1 Corinthiens 5,1-5*

Le cas d'inceste dénoncé dans 1 Co 5,1-5 concerne un homme. Mais ce passage a l'avantage de montrer que, dans la terminologie paulinienne, la sémantique du mot *porneía* (de *pórnos/-ē*, « prostitué/-ée ») en étend l'usage à tout comportement sexuel débauché (cf. 5,1.9-10, à rapprocher de 6,9.13.18, où il s'agit de la fréquentation des prostituées). Dans le cas présent, il s'agit d'un empêchement, prévu par le Lévitique (Lv 18,8) comme par le droit romain[5], qui rend le mariage illégitime, que le père de l'époux soit mort ou divorcé. Paul en urge l'application, à l'encontre de certains rabbins du temps qui toléraient la situation pour les païens convertis au judaïsme[6]. La présentation du cas fait supposer que l'homme était devenu chrétien, mais non la femme. En tout cas, la responsabilité du mariage conclu dans ces conditions illégales et condamnées par l'opinion publique, en Grèce comme à

---

5. Voir le texte des *Institutions de Caius*, cité par H. Conzelmann, *Der erste Brief an die Korinther*, p. 116, note 29.

6. P. Billerbeck, *Kommentar zum N.T.*, t. III, p. 358.

Rome [7], incombait à l'homme seul. C'est donc sur lui que retombe la condamnation de l'apôtre. Le fait ouvre une certaine perspective sur les problèmes d'éthique sexuelle qui pouvaient se poser aux fidèles en milieu grec, où la tradition était plus relâchée sur ce point qu'en milieu romain. L'existence de *deux morales* pour les hommes et pour les femmes était un fait bien établi. La femme légitime avait pour fonction essentielle de procurer à son mari une postérité, et avant tout des enfants mâles. Mais le mari gardait une totale liberté. « Nous avons, déclare un orateur du IVe siècle, les courtisanes *(hetaírai)* pour le plaisir, les concubines *(pallakaí)* pour les soins journaliers, les épouses pour qu'elles nous donnent des enfants légitimes et soient les fidèles gardiennes de notre intérieur [8]. » Les hommes mariés pouvaient donc chercher leur plaisir auprès des prostituées ou des garçons, suivant leurs goûts [9]. Au contraire, s'il faut s'en tenir aux coutumes de la Grèce ancienne, l'adultère de l'épouse, juridiquement établi, était une cause de divorce obligatoire, sous peine d'entraîner le déshonneur du mari [10] : c'est compréhensible, puisque le but de l'institution matrimoniale était la postérité légitime.

b) *1 Corinthiens 6,12-18*

Dans cette situation générale, où la prostitution sacrée avait sa place comme dans tout l'ancien Orient, la ville de Corinthe était spécialement réputée pour la dissolution de ses mœurs [11]. Les prostituées y étaient nombreuses, et leur fréquentation parfaitement libre : « vivre à la corinthienne » *(korinthiázein)* était déjà une expression proverbiale au temps

---

7. Le fait était rappelé par E.B. Allo, *Première épître aux Corinthiens*, p. 119.
8. Texte cité par R. Flacellière, *La vie quotidienne en Grèce au temps de Périclès*, Paris, 1959, p. 95 ; *L'amour en Grèce*, « Les Belles Lettres », 1960, p. 118.
9. R. Flacellière, *L'amour en Grèce*, chap. V, sur les courtisanes, et chap. III, sur « l'amour grec ».
10. *La vie quotidienne en Grèce*, p. 86 s.
11. *L'amour en Grèce*, p. 128-130.

d'Aristophane (fr. 133). Quand on a cette situation présente à l'esprit, on comprend aisément le passage de 1 Co 6,12-18, relatif à la fornication *(porneía)* au sens étroit du mot (mais aucun passage du Nouveau Testament ne mentionne, à côté des prostituées, les courtisanes de luxe ou les concubines). En renvoyant une fois de plus à la Genèse (Gn 2,24, cité dans 1 Co 6,16) pour fonder une morale sexuelle qui impose aux hommes des règles strictes, Paul montre bien que les exigences de Dieu sont identiques pour les hommes et pour les femmes. Le déshonneur qui s'attache au métier de prostituée, sinon en milieu grec, du moins en milieu juif, n'entache pas seulement la réputation de celle qui le pratique : « Celui qui fornique pèche contre son propre corps » (6,18), qui est un « membre du Christ » (6,15).

En séduisant l'homme qui s'unit à elle, la prostituée se met en situation antithétique par rapport au Christ, rédempteur (6,20) de l'homme qui s'unit à lui (6,17). C'est pour cela qu'elle pervertit la réalité sexuelle voulue par le Créateur : « Les deux ne seront qu'une seule chair » (Gn 2,24, cité dans 1 Co 6,16). Au contraire, l'union conjugale la met en acte, comme l'expliquera la lettre aux Éphésiens (Ep 5,29-30), puisque les deux époux sont en même temps membres du Corps du Christ (5,29). Cette appréciation de l'érotisme lié à la prostitution n'est pas seulement d'ordre moral : elle a un fondement religieux, puisque l'homme qui s'y livre est détourné du Christ. Mais on ne peut oublier que, même en dehors des temples païens où les hommes trouvaient des hiérodules, l'érotisme faisait alors l'objet d'une sacralisation latente qui rattachait son exercice, sous quelque forme que ce fût, au culte d'Aphrodite et d'Éros [12]. L'éthique sexuelle de Paul, en poussant jusqu'à sa limite celle du judaïsme, n'a pas pour fondement ou pour résultat une dévaluation quelconque de la sexualité : elle vise au contraire à la restaurer, chez les femmes

---

12. Sur Erôs comme personnalité divine, voir l'article de A. Motte, dans le *Dictionnaire des religions*, p. 625 s. (avec bibliographie).

comme chez les hommes, en conformité avec une intention divine qui lui confère son vrai sens.

3. La casuistique du mariage et de l'abstinence sexuelle

Dans 1 Co 7, Paul répond à des questions que les Corinthiens lui ont posées (7,1). C'est pourquoi il élabore toute une casuistique autour des problèmes posés par l'abstinence sexuelle, dans le mariage et en dehors de lui. Le seul point à examiner ici est la condition de la femme que les raisonnements de Paul supposent admise, soit dans le droit coutumier et l'usage des Grecs, soit dans les règles de l'éthique chrétienne.

a) *Abstinence sexuelle et usage du mariage*

Le développement de 1 Co 6,12-20 partait d'un adage de Paul[13] sur la liberté chrétienne qui manifestait une rupture avec la conception répressive de la loi juive : « Tout m'est permis » (7,1 ; cf. 12,23). L'adage était utilisé à contresens par des fidèles qui en tiraient une permission de licence sexuelle, très courante dans le milieu corinthien. Au contraire, le ch. 7 a pour point de départ un axiome rigoriste que les fidèles ont soumis à l'appréciation de l'apôtre : « Il est bon pour l'homme de s'abstenir de la femme. » Comme en 1 Co 6,12-20, le problème est abordé sous l'angle du comportement masculin (cf. 6,15). Mais tous les développements qui suivent mettent sur pied d'égalité les hommes et les femmes : soit pour les relations sexuelles dans la vie conjugale (7,2-5 : mari et femme ont sur ce point des droits égaux) ; soit pour le choix entre la vie dans le célibat et la décision du mariage (7,6-9) : la condition des « non-mariés » *(ágamoi)* est envisagée ici après une expérience préalable de mariage ; soit pour

---

13. On peut renvoyer sans plus de précision aux commentaires critiques de la 1re lettre aux Corinthiens et des autres épîtres. Je me contente de mentionner ici l'essentiel des principes posés par saint Paul.

les problèmes de séparation à la suite d'une brouille (7,10-11) : la femme paraît en prendre l'initiative au même titre que le mari, en dépit de la coutume grecque qu'Euripide résumait en ces termes : « Quitter un époux est infamant pour les femmes, et il ne leur est pas permis de le répudier » (*Médée*, vv. 236s.) ; soit pour les cas où un seul des deux époux se convertit et où la séparation pourrait devenir un problème de conscience (7,12-16) : au v. 13, la femme semble pouvoir légalement « répudier » *(aphíēmi)* son mari) ; soit quant à la préférence possible de la virginité pour les gens de l'un et l'autre sexe (7,25-28) : même emploi du verbe actif *gamé-ō* au v. 28, pour l'homme comme pour la jeune fille ; soit quant aux soucis normaux des gens mariés vis-à-vis du monde et vis-à-vis l'un de l'autre (7,32-35). On ne saurait mieux montrer l'application du principe de l'égalité entre l'homme et la femme « dans le Christ ».

Il est vrai que le développement suppose, à l'arrière-plan, un droit coutumier qui en permet la pratique. La situation de la société est sensiblement différente de celle du judaïsme contemporain, où la supériorité masculine s'affirmait avec plus de force. Mais Paul n'a pas pour but d'édicter un nouveau droit : il énonce une règle de vie fondée sur la compréhension de la volonté de Dieu en matière de comportement sexuel : la relation à *l'autre*, le don de soi à *l'autre*, la considération du bien de *l'autre*, sont au premier plan de sa pensée, même si l'attachement sans partage au Seigneur est regardé comme préférable en théorie (7,38) dans une perspective strictement eschatologique (7,29-31). C'est sous cet angle précis que l'égalité des droits doit s'entendre : à l'intérieur d'une réciprocité de don qui n'est même pas exprimée ici dans le langage de l'amour *(agapè/agapá-ō)*, comme ce sera le cas dans Col 3,19 et Ep 5,25.28.33.

Dans la pratique, il faut toutefois que cet esprit nouveau compose avec le cadre juridique dans lequel il s'affirme. A propos du remariage des veuves, Paul sait bien qu'elles sont juridiquement libres d'y recourir, si elles le veulent. Il trace donc une règle de conduite chrétienne pour le bon usage de cette liberté : la veuve est libre de se marier avec qui elle veut, « dans le Seigneur seulement » (7,39). Mais il n'ignore pas la condition juridique des femmes mariées : la femme « est liée, aussi longtemps que son mari vit » (7,39) ; ou, comme précisera l'épître aux Romains, « elle est liée à son mari vivant en vertu d'une loi » (Rm 7,2) mais « si le mari meurt, elle est affranchie de la loi du mari » (Rm 7,2b). Le caractère juridique du principe ne concerne que la condition de la femme, même pour déterminer au plan légal les constatations d'adultère (Rm 7,3). Mais on sait par 1 Co 6,9 que tous les adultères sont exclus du Royaume de Dieu, dans un contexte qui vise aussi bien les hommes que les femmes.

Tout cela permet d'entrevoir les rapports complexes qui existent entre l'éthique chrétienne et les diverses formes de l'institution matrimoniale réglées par le droit coutumier ou écrit. L'éthique chrétienne introduit, non dans le droit mais dans les mœurs, *un principe de morale relationnelle qui met l'homme et la femme en face l'un de l'autre comme deux égaux*, soit devant le Dieu créateur, soit « dans le Christ ». Il s'ensuit normalement, ou bien une réinterprétation des dispositions légales théoriquement laissées en place (on le verra à propos du principe de soumission, dans Col 3,18-19 et Ep 5,22-24), ou bien éventuellement un rejet des dispositions légales qui contrediraient le dessein de Dieu : 1 Co 7,11, qui s'adresse à des personnes mariées également chrétiennes, exclut le remariage de la femme qui se serait séparée de son mari et la répudiation de la femme par le mari, en dépit des dispositions contraires du droit en pays grec. Cela ne résout pas *a priori* les problèmes qui pourraient résulter d'une confrontation entre l'éthique chrétienne et d'autres formes de droit matrimonial. Mais cela montre au moins quel principe fondamental devrait alors servir de référence pour mettre l'institution au niveau des exigences évangéliques, tout en respectant ses particularités culturelles.

b) Nous avons laissé de côté un passage difficile dont l'interprétation globale donne lieu à deux traductions différentes : 1 Co 7,36-38. Ce passage est important, car il touche directement à *la condition de la femme dans la conclusion d'un mariage*. Suivant une interprétation courante, déjà attestée dans la version latine et retenue actuellement par beaucoup d'auteurs catholiques (par exemple, E.-B. Allo, la première *Bible de Jérusalem*, la Bible d'Osty, pour ne citer que des français), on serait devant le cas d'un père qui trouve déshonorant d'avoir une fille vierge ayant passé « la fleur de l'âge ». Il aurait pouvoir d'agir selon son gré en prenant une décision réfléchie, soit pour la marier, ce qui n'est pas un péché, soit pour la garder vierge, ce qui serait mieux encore. Le droit ancien ne rend pas cette hypothèse chimérique. Le mariage juif se faisait par accord entre le fiancé, d'une part, le père de la jeune fille ou le parent proche prévu par le droit coutumier [14]. La coutume grecque prévoyait que le choix du mari et la décision du mariage revenaient au *kýrios* de la jeune fille : son père ou, à défaut du père, son frère né du même père, son grand-père, son tuteur légal [15]. Le droit romain fixait en termes très forts la *patria potestas*, bien que la coutume ait présenté une évolution notable dans son application pratique au Iᵉʳ siècle de notre ère [16]. L'interprétation proposée pour le texte de saint Paul supposerait, de sa part, une approbation du droit coutumier le plus rigoureux, sans l'ombre d'une critique ou d'une mise en garde contre les abus possibles.

Or l'ensemble du chapitre porte sur les décisions *personnelles* que les hommes et les femmes ont à prendre, en matière de sexualité, pour adopter une conduite authentiquement chrétienne. Le v. 28b peut être pris comme exemple pour illustrer cet aspect du texte : « Si tu te maries, tu n'a pas péché, et si la vierge *(parthénos)* se marie *(gamé-ō,* employé absolument), elle n'a pas péché. » Pour que ce texte ait un sens, il faut au moins que la jeune fille ait son mot à dire dans l'affaire.

---

14. Voir J. Jeremias, *Jérusalem au temps de Jésus*, Cerf, 1967, p. 476 s.
15. Pour la Grèce classique : R. Flacellière, *La vie quotidienne en Grèce*, p. 77.
16. J. Carcopino, *La vie quotidienne à Rome à l'époque de l'empire*, Paris, 1939, p. 98-101.

L'application des vv. 36-38 au père (ou à son remplaçant), qui marierait « sa vierge » (vv. 36 et 37) par un acte d'autorité sans appel, serait en contradiction avec l'ensemble du morceau.

Certains ont proposé (depuis Grafe, 1899) de reconnaître ici une situation attestée dans les textes des IIe et IIIe siècles : celle des *virgines subintroductae*. Il s'agirait de fiançailles spirituelles conclues moyennant une clause de non-consommation du mariage[17] : l'enthousiasme eschatologique présupposé dans Rm 7 expliquerait au mieux cette institution, contre laquelle les conciles locaux devront lutter par la suite. Mais il n'est pas nécessaire de recourir à cette hypothèse. On sait que, dans la Grèce classique déjà, le mariage se faisait en deux temps : l'*eñgýēsis* (litt. : remise d'un gage), promesse qui donnait au mariage une existence légale, puis l'*ékdosis* (remise de la fiancée à l'époux), qui entraînait la cohabitation en vue de la consommation du mariage[18]. Quelle qu'ait pu être l'évolution des coutumes et des mœurs dans la Corinthe du Ier siècle, ces deux temps devaient y être respectés. L'influence latérale des coutumes romaines s'exerçait d'ailleurs dans le même sens. A Rome, les fiançailles *(sponsalia)* solennellement célébrées comportaient « un engagement réciproque pris par un certain nombre de parents et d'amis », et elles « se concrétisaient dans la remise par le fiancé à la fiancée de cadeaux plus ou moins onéreux et d'un anneau symbolique[19] ». Les noces *(nuptiae)*, célébrées par la suite, entraînaient l'introduction de la fiancée dans la maison de son époux[20]. Le mariage juif connaissait la même distinction entre les fiançailles, généralement conclues entre le jeune homme et le père de la jeune fille

---

17. Voir J. Héring, *La première épître de saint Paul aux Corinthiens*, p. 16 s.

18. Ce cérémonial en deux temps est présenté par R. Flacellière, *La vie quotidienne en Grèce*, p. 80-85 ; *L'amour en Grèce*, p. 108-110.

19. J. Carcopino, *La vie quotidienne à Rome*, p. 102.

20. *Ibid.*, p. 103-105.

quand celle-ci était très jeune, et les noces au cours desquelles celle-ci entrait dans la maison de son mari[21].

Pour comprendre la situation supposée en 1 Co 7,36-38, il suffit donc de songer au cas des fiancés, dans un contexte culturel qui n'est évidemment pas juif. Le principe énoncé au début du chapitre (« il est bon pour l'homme de s'abstenir de la femme », 7,1) avait-il une emprise sur les jeunes gens qui se trouvaient entre l'*eñgýēsis* (ou les *sponsalia*) et l'*ékdosis* (ou les *nuptiae*) ? Ou bien au contraire le péril de la mauvaise conduite (cf. la *porneía* de 7,2 et l'*akrasía* de 7,6) guettait-il aussi certains fiancés, en un temps où les mœurs ne reléguaient peut-être pas toujours les jeunes filles dans le gynécée ? Ce point n'est pas très clair. Mais Paul paraît bien répondre à l'objection qu'on opposerait à la cérémonie d'un mariage jugé prématuré : « Si quelqu'un pense qu'il va se mal conduire *(askhēmoneîn)* envers sa vierge, étant donné qu'il est en pleine ardeur *(hypérakmos)*, qu'il fasse ce qu'il veut *(théleî)* : il ne pèche pas ; qu'ils se marient *(gamé-ô)* ! Mais celui qui s'est fermement résolu dans son cœur sans être sous l'emprise de la nécessité *(mề ékhōn anáñkhēn)*, qui a pouvoir sur son propre vouloir *(thelếma)* et qui a décidé dans son propre cœur de veiller sur sa vierge, il agira bien. De sorte que celui qui épouse *(gamízō)* sa vierge agit bien, et celui qui ne l'épouse pas agira mieux encore » (7,36-38). La double allusion au vouloir *(thélō-thélēma)* se rapporte au désir sexuel, non à la décision ou au jugement qui y conduit (cf. *krínō*, au v. 38) : on ne pèche pas en se mariant pour faire ce que dicte le désir, mais la maîtrise de ce désir est une chose excellente. Le fait de se marier *(gamé-ô,* v. 36) est un acte commun aux deux fiancés (cf. le verbe *gaméitōsan,* au pluriel). Mais sa traduction concrète et visible se marque par une cérémonie d'épousailles *(gamízô)*, où le fiancé est naturellement le principal acteur, puisqu'il introduit chez lui la vierge qui va devenir sa femme.

La casuistique énoncée ne coupe pas court aux propos de

---

21. J. Jeremias, *Jérusalem au temps de Jésus*, p. 478-482.

continence : l'avis donné plus haut par Paul « en homme digne de confiance », au sujet des vierges pour lesquelles il n'a pas d'« ordre du Seigneur » (7,25), conserve toute sa valeur. La finale rejoint sur ce point les conseils donnés dans les vv. 26-35. Mais Paul envisage avec réalisme un problème de prudence pratique qui doit être résolu en fonction de chaque cas particulier : il ne faut pas que la recherche du mieux devienne un piège. La domination de soi est meilleure, mais il n'y a aucun péché à consommer le mariage conclu. Chose curieuse : Paul semble estimer que la difficulté n'existe que du côté de l'homme. Au point de vue juridique, les vv. 28 et 36 supposent que les vierges ne sont pas mariées contre leur gré ou sans leur acquiescement. Néanmoins, le mariage s'inscrit dans un cadre coutumier où l'initiative des opérations revient au fiancé : ce n'est pas étonnant, puisque l'Évangile fait son entrée dans une culture dont il respecte les aspects juridiques et cérémoniels, tout en y introduisant un esprit nouveau. Il est dommage que l'absence de documentation sur les milieux judéo-chrétiens ne permette pas de savoir si cet esprit nouveau y progressait aussi avec la même rapidité.

c) *Tirons une conclusion*, au terme de cette analyse de la casuistique paulinienne.

– 1) D'une part, la préséance reconnue à une abstinence sexuelle qui est explicitement présentée comme un don de grâce (7,7) n'entraîne aucune dévaluation de la sexualité comme telle : ceux qui présentent la morale de saint Paul comme fondamentalement hostile au sexe, disent des sottises.

– 2) D'autre part, les hommes et les femmes sont mis sur pied d'égalité, quand les décisions qui régissent leur vie sexuelle sont en cause, bien que la structure de l'institution matrimoniale reste inchangée. Les innovations du groupe chrétien ne se situent pas au plan juridique, mais au plan éthique. Sa pratique, fondée sur une nouvelle compréhension de l'existence, introduit dans la société une sorte de révolution silencieuse. Non seulement elle ouvre la voie à une façon originale d'interpréter et de pratiquer la chasteté, soit sous la forme de la continence totale, soit dans l'usage conjugal de la sexualité, mais elle met aussi en acte le principe posé ailleurs : « Il n'y a plus d'homme ni de femme » (= de mâle ni de femelle), mais tous sont un en Christ Jésus » (Ga 3,28).

III. LA PLACE DES FEMMES
DANS LES RÉUNIONS CULTUELLES

1. Les réunions communes du culte chrétien

a) *L'église locale et son assemblée*

L'ordre de l'assemblée cultuelle (*ekklēsía* : 1 Co 11,18 et 14,28) présentait à Corinthe assez de difficultés pour que Paul y consacre un long passage de sa lettre (1 Co 11-14). Comme la situation respective des hommes et des femmes est en question dans certains endroits, on peut s'y arrêter en se plaçant à ce point de vue restreint. Dans une communauté formée pour la plus large part de fidèles venus du paganisme, la réunion en assemblée n'avait aucun rapport direct avec le culte synagogal. Son élément central était le « repas du Seigneur » (11,20). Mais on entrevoit autour de celui-ci des activités très variées qu'il n'est pas nécessaire d'analyser en détail : lectures, prières et chants en commun, discours de formes diverses, repas qui marquait (en principe) la communion fraternelle entre tous les participants. Le tout se déroulait dans une maison privée, où l'église recevait l'hospitalité.

Il s'agit d'une réunion cultuelle connue du public, puisque des infidèles et des non-initiés peuvent y entrer librement (cf. 1 Co 14,24). Les problèmes posés par la tenue des femmes, les manifestations de l'enthousiasme religieux, le repas pris en commun, la prise de parole en assemblée, la présidence, etc., doivent donc être appréciés en fonction des deux types de réunions cultuelles existant à la même époque, dont l'assemblée chrétienne devait se démarquer pour affirmer son originalité. D'une part, *le culte juif* se déroulait dans les synagogues qui existaient dans la plupart des grandes villes grecques, au témoignage des Actes des apôtres : à Thessalonique (Ac 17,1), à Bérée (17,11), à Athènes (17,17), à Corinthe (18,4) ; la proseuque en plein air de Philippe était un moyen de fortune adapté à une situation communautaire moins favorisée (16,13). D'autre part, *les divers cultes païens* répandus dans le monde grec ne comportaient pas seulement les fêtes publiques en l'honneur des dieux traditionnels (avec leurs sacrifices, leurs processions, leurs jeux, etc.), mais aussi les réunions de confréries (« thiases ») centrées sur la dévotion à des divinités particulières et généralement liées à des rites mystériques (mystères d'Éleusis, culte de Dionysos, rites de l'orphisme, cultes orientaux d'importation plus récente : Cybèle et Attis, la Grande Mère, Isis et Sérapis, en attendant l'efflorescence du culte de Mithra). Les coutumes religieuses du judaïsme, dans le culte synagogal, étaient fixées par une tradition ferme qui exerçait nécessairement une influence profonde sur les églises chrétiennes, puisque celles-ci avaient leur berceau dans le judaïsme et conservaient la Bible juive comme livre saint. Mais les réactions religieuses spontanées des hommes et des femmes venus du paganisme avaient été façonnées dans un milieu culturel tout différent, et leur adaptation aux exigences de la foi chrétienne ne pouvait pas se faire du jour au lendemain.

L'église naissante, fondée à Corinthe par un homme dont l'éducation était essentiellement juive, avait des possibilités créatrices pour adapter l'expression de sa foi (formulaires de prière, hymnes et cantiques, tenue des réunions, etc.) au cadre culturel dans lequel elle devait prendre racine. Mais cela ne veut pas dire que tous les éléments de cette culture (usages pratiques, rites, langage, etc.) pouvaient être retenus, étant donné leurs attaches possibles avec le paganisme foncier du milieu grec ou gréco-oriental. Il fallait au moins les soumettre à un tri sévère et, dans les meilleurs cas, à une réinterprétation radicale. Les historiens qui parlent à ce propos de syncrétisme posent la question de travers : ils confondent l'adoption d'éléments culturels revus et corrigés, avec celle des croyances mythologiques et des rites qui y étaient liés. Sur ce dernier point, la foi chrétienne était intransigeante (cf. 1 Co 10,21, à propos des repas sacrés pris en l'honneur des idoles). Mais elle avait toute liberté d'action sur le premier point (cf. 10,25-26.29-30), pourvu qu'un discernement suffisant s'exerçât et que tout fût fait en vue de l'édification d'autrui (10,28.31-33).

b) *Les influences juives et païennes à Corinthe*

Cette situation permet de comprendre comment se posait le problème de la tenue des femmes dans les assemblées en église (1 Co 2-16). En milieu juif, on peut prendre pour référence les coutumes synagogales de Palestine, tout en reconnaissant que la Diaspora de langue grecque avait sans doute une attitude plus souple sur certains points. Les femmes étaient présentes dans les réunions synagogales ; mais elles n'avaient accès que dans une partie de la synagogue *(sabbateîon)*, l'autre étant réservée aux hommes *(andrôn)*[22]. Les lectures, les homélies, les prières et les chants se faisaient dans la partie accessible à tous. Mais « des barrières séparaient l'emplacement destiné aux femmes. Plus tard, on alla même jusqu'à construire pour elles une tribune particulière. Dans le service liturgique, la femme était là seulement pour écouter. Certes, il ne semble pas exclu qu'à l'époque ancienne, on ait appelé des femmes à lire la Torah, mais, déjà à l'époque tannaïte, ce n'était plus l'usage qu'elles obéissent à l'appel pour faire la lecture. L'enseignement était interdit aux femmes[23] ». Même en tenant compte de la marge de liberté qui pouvait exister avant 70 dans les synagogues de langue grecque, il reste certain que les femmes y étaient tenues en situation d'infériorité notoire.

---

22. Voir la loi d'Auguste citée par Flavius Josèphe, *Antiquités juives*, XVI, vi, 2, § 164, où l'édition de R. Marcus et A. Wikgren corrige à tort le texte attesté par les manuscrits.

23. J. Jeremias, *Jérusalem au temps de Jésus*, p. 489 s.

On sait d'autre part que Paul, « hébreu fils d'hébreu » (Ph 3,5), était de souche et d'éducation palestiniennes (Ac 23,6), ce qui explique son appartenance antérieure au mouvement pharisien (Ph 3,6b). Sa rupture avec le judaïsme n'a pas bouleversé sa structure mentale au point de lui faire oublier les coutumes juives, surtout quand elles avaient un enracinement scripturaire. La place des femmes dans les cultes païens était notablement différente. On peut laisser de côté les fêtes publiques, auxquelles les assemblées chrétiennes ne pourraient aucunement être comparées. Mais il faut prendre en considération les confréries religieuses, ou thiases, qui pullulaient depuis l'époque hellénistique et sur lesquelles l'administration impériale s'efforçait d'exercer un droit de regard[24]. Le culte de Dionysos, en particulier, est bien attesté à Corinthe depuis le VIIe siècle[25]. Il a dû s'y développer, comme dans toutes les grandes villes hellénistiques où vivaient des colonies d'immigrés. On peut donc y présumer l'existence de thiases en l'honneur de Dionysos, « associations privées dont les réunions périodiques étaient occasion, non seulement de sacrifices et de dévotions, mais de banquets à frais communs[26] ». Dans ce cadre, « il y avait place pour l'orgiasme masculin et féminin, et l'on sait, notamment par des documents d'Asie mineure, que le sacerdoce officiel pouvait y être exercé par des femmes[27] ».

Ces faits doivent être retenus, quand on enquête sur le milieu païen dans lequel s'est recrutée une partie importante de l'église de Corinthe. « Les étranges chrétiens morigénés par saint Paul dans sa *Première Corinthienne* semblent avoir manifesté une évidente propension à introduire dans l'assemblée de la communauté fondée par l'apôtre en Corinthe – cet anti-

---

24. Cf. H. Jeanmaire, *Dionysos : Histoire du culte de Bacchus*, Payot, 1970, p. 444. Ce livre fournit une documentation excellente sur les thiases dionysiaques, leur organisation et leurs pratiques, dans le milieu hellénistique et à l'époque romaine.
25. *Ibid.*, p. 237 et 249.
26. *Ibid.*, p. 421.
27. *Ibid*, p. 443-445.

que foyer du Dionysisme – des façons de faire qui auraient été de mise dans tel *Baccheíon*[28]. » L'historien du culte de Dionysos auquel on doit cette appréciation n'attache aucun intérêt particulier aux divers problèmes que posent les origines chrétiennes ; mais il connaît très bien le dossier qu'il présente, et son opinion sur l'église de Corinthe n'en a que plus de valeur. Les assemblées « en église » (1 Co 1,18), indépendantes à la fois des cultes traditionnels et des réunions synagogales, avaient effectivement une allure extérieure qui les rapprochait des réunions de thiases. Le repas fraternel qui les marquait (1 Co 11,21-22) pouvait contribuer à entretenir cette confusion chez des chrétiens de fraîche date. La participation des hommes et des femmes aux assemblées constituait un autre élément de ressemblance.

A partir de là, on comprend bien plusieurs des désordres que Paul relève dans la tenue des assemblées. Le délire sacré, avec ses vociférations inarticulées, était un phénomène culturel plus général qu'on retrouve dans divers cultes du bassin méditerranéen, mais il était particulièrement prisé chez les mystes de Dionysos. Ce fait peut expliquer la propension des fidèles de Corinthe pour le « parler en langues » où ont dit « des choses mystérieuses » (1 Co 14,2) : inutile, pense Paul, s'il n'y a personne pour interpréter ces paroles inintelligibles (14,9), assez ambigu pour faire regarder l'assemblée entière comme un ramassis de fous (14,23). Paul semble faire allusion à ces transes d'exaltation cultuelle quand il décrit l'expérience religieuse des Corinthiens avant leur conversion : « Lorsque vous étiez païens, vous vous laissiez entraîner irrésistiblement vers des idoles muettes » (12,2). Mais il faut mettre fin à ce genre de délire, en pratiquant le discernement des esprits : « Je vous fais savoir que personne, en parlant par l'Esprit de Dieu, ne peut dire : Anathème à Jésus ! » (12,3). Cette algarade suppose que la chose était arrivée. Les responsables de l'assemblée cultuelle, de qui Paul tient sans doute tous ces détails (cf. 16,17), avaient été dépassés par l'événement.

---

28. *Ibid.*, p. 479.

2. La participation des femmes aux assemblées

a) *La question du voile des femmes*

Si on songe à cet arrière-plan culturel assez mélangé, on comprend le passage de la même épître qui concerne la tenue des femmes dans les assemblées (11,2-16). D'une part, il y a une rupture certaine avec la mentalité juive et la coutume constante des réunions synagogales : non seulement les femmes n'ont pas de place à part, si on en juge par les allusions faites, mais l'homme et la femme ont un droit égal à prier et à prophétiser (11,4-5). La *prière* pourrait être, à la rigueur, celle que toute l'assemblée récite en commun. Mais elle désigne plus probablement ici une formulation individuelle prononcée à haute voix sous l'inspiration de Dieu, peut-être sous une forme chantée (cf. le cantique de 1 Co 14-26, et les allusions de Col 13,16b et Ep 5,19). Quant à la *prophétie*, c'est une forme de discours très différente du « parler en langues » : « Celui qui prophétise, parle aux hommes : il édifie, exhorte, console » (14,3) ; alors que celui qui parle en langues s'édifie lui-même, « celui qui prophétise édifie l'église » (14,4). Plusieurs passages permettent de distinguer la prophétie de la parole de sagesse et de la parole de science (12,8), de la révélation et de l'enseignement (*didakhḗ* : 14,6), de l'exercice de la fonction doctorale (*didaskalía* : 12,28-29), encore qu'il paraisse y avoir une fonction prophétique dont l'exercice est permanent à côté de la « prophétie » occasionnelle. Celle-ci n'est, par conséquent, ni une annonce de l'Évangile, ni une explication de l'Écriture, ni une instruction systématique donnée en vertu de la compétence acquise. C'est une prise de parole effectuée sous la motion de l'Esprit de Dieu, qui montre l'actualité de l'Évangile et, de ce fait, édifie l'Église en exhortant et en consolant ses membres (14,3) [29]. Tous les fidèles sont invités à y aspirer (14,1), et on vient de voir que les femmes en reçoivent le don aussi bien que les hommes

---

29. Voir E. Cothenet, art. « Prophétisme dans le Nouveau Testament », *DBS*, t. 8, col. 1287-1311.

(11,4-5). La notion de prophétie renoue bien avec celle de l'Ancien Testament, à travers le judaïsme dont l'Église chrétienne tient sa Bible ; mais l'exercice de la prophétie par des femmes se situe en dehors des coutumes juives – dans la modeste mesure où le judaïsme de l'époque laissait une place à l'activité prophétique, apparemment restreinte à certains cercles apocalyptiques.

Faut-il en conclure qu'on retrouverait là une trace de mysticisme oriental ou hellénistique, que saint Paul aurait quelque peine à discipliner ? Il faut y regarder de près. Dans les réunions des thiases dionysiaques, les deux sexes se côtoyaient en effet, et les femmes jouaient même un rôle prépondérant [30]. Mais saint Paul réagit justement contre une assimilation indue. Non seulement l'agitation liée au « parler en langues » est strictement contrôlée, mais le costume des hommes et des femmes est fixé par un usage précis : les hommes ont la tête nue et les femmes portent un voile. Il s'agit là d'une coutume qui s'impose aux « églises de Dieu » (11,16) ; elle est d'autant plus impérieuse que les hommes et les femmes exercent un rôle particulier en *priant* et en *prophétisant* (11,4-7.10.13-15). La généralité du fait laisse entendre qu'il s'agit finalement d'un usage judéo-chrétien. Effectivement, en Palestine, les juives avaient normalement la tête voilée quand elles sortaient de chez elles, et spécialement quand elles se rendaient à la synagogue [31]. En revanche, le lecteur de la Tôrah que montre une fresque de Doura-Europos (et qui représente peut-être Esdras) a la tête nue [32]. La coutume des « églises de Dieu » (1 Co 11,16) est simplement la coutume juive. Au contraire, dans les *Baccheía*, les femmes n'avaient qu'un ruban pour retenir leurs cheveux épars, si nous en croyons les représentations qui nous restent [33]. Sous ce rapport, le rappel à l'ordre

30. H. Jeanmaire, *Dionysos*, p. 174.

31. J. Jeremias, *Jérusalem au temps de Jésus*, p. 471 s.

32. *The Excavations at Dura-Europos*, Final Report, VIII, Part I, pl. 77 ; reproduit dans J. Leipoldt-W. Grundmann, *Umwelt des Urchristentums*, t. III, pl. 183.

33. *Ibid.*, pl. 51 à 64.

marque donc une distance intentionnelle par rapport aux cultes hellénistiques.

Pour persuader ses auditeurs et fonder le droit positif qu'il édicte, Paul accumule des arguments variés (11,3-15) qui touchent à la condition respective des deux sexes dans la création. Ces arguments tournent autour de deux passages scripturaires cités implicitement : Gn 1,26-27 et 2,21-23 (cf. les vv. 7-9) ; les mêmes textes sont à la base du raisonnement de Jésus dans Mc 10,1-12 et Mt 19,4-5. On peut donc penser à un dossier scripturaire couramment utilisé. Le commentaire de Paul a une allure très rabbinique, mais on y trouve des indices nets qui renvoient au milieu grec. Le premier est le recours à trois termes philosophiques attestés dans le milieu hellénistique contemporain pour expliquer le rapport de la femme à l'homme, de l'homme au Christ et du Christ à Dieu, dans une perspective qui n'est pas celle de la relation conjugale à l'intérieur du couple (comme en Ep 5,21-32), mais de la dignité respective des sexes en général : Dieu est chef *(kephalē)* pour le Christ, le Christ pour l'homme, l'homme pour la femme (11,3) ; la femme est la gloire *(dóxa)* de l'homme, et l'homme, la gloire et l'image *(eikōn)* de Dieu (11,7). En dépit de la référence au vocabulaire de l'Ancien Testament, saisi à travers la Septante, pour les mots *dóxa* et *eikōn* [34], le vocabulaire et l'anthropologie qu'il traduit sont profondément marqués par la culture hellénistique [35]. Le second indice qui parle dans le même sens est l'accentuation de la prééminence de l'homme, qui dépasse de très loin ce que disait la Genèse : non seulement la femme est tirée de l'homme et créée pour lui (vv. 8-9) ; mais, contrairement à Gn 1,26s., l'homme seul est « l'image de Dieu » (v. 7).

Il n'est pas étonnant que Paul, s'adressant à des Grecs, recoure à leur langage et à leurs catégories mentales pour justifier un usage venu d'ailleurs. Toutefois, il corrige aussitôt

34. Le rapprochement est fait par A. Feuillet, « L'homme *gloire* de Dieu et la femme *gloire* de l'homme », *RB* 81 (1974), p. 161-182.
35. Cf. H. Conzelmann, *Der erste Brief an die Korinther*, Göttingen, 1969, p. 219-221.

ses propres expressions en ajoutant : « Néanmoins, ni la femme n'existe sans l'homme, ni l'homme sans la femme, dans le Seigneur ; car de même que la femme provient de l'homme (cf. Gn 2,21-23), de même l'homme vient par la femme (cf. Gn 3,16), et le tout vient de Dieu » (vv. 11-12). En soulignant fortement la dépendance mutuelle des deux sexes, en conformité avec les intentions de Dieu explicitées dans le récit de la Genèse, Paul montre que *les formes de la hiérarchie sociale admises dans le monde antique sont remises en question, quand la condition des hommes et des femmes est examinée « dans le Seigneur »*. On rejoint ainsi le principe posé dans Ga 3,28 : « Il n'y a plus d'homme ni de femme (= "de mâle ni de femelle", d'après Gn 1,26s.), car vous êtes un en Christ Jésus. » Mais ici, la fonction respective des deux sexes est mieux mise en évidence : c'est l'égalité dans la différence.

Trois autres raisons de convenance interviennent pour justifier le port du voile par les femmes. L'allusion aux femmes tondues ou rasées (vv. 5-6) rejoint le raisonnement final sur les enseignements de la « nature » (vv. 14-15), qui désigne ici en réalité un fait de culture : la femme qui se coupe les cheveux, et *a fortiori* qui les tond, joue à l'homme, comme l'homme qui porte les cheveux longs se donne une allure efféminée. L'appréciation est à comprendre en fonction du système de la mode au Iᵉʳ siècle de notre ère : les tendances au féminisme inconsidéré et à l'inversion sexuelle n'y étaient pas inouïes [36]. La position de saint Paul n'a aucune valeur générale : elle est commandée par un fait de culture qui ne pouvait le laisser indifférent, en raison de sa signification (cf. Rm 1,26-27, sur l'homosexualité des deux sexes). Quant au port de l'*exousía* sur la tête, il a fait le désespoir des exégètes. Le mot désigne-t-il par métonymie l'autorité (litt. puissance) à laquelle toute femme est soumise (opinion de saint Jean Chrysostome, généralement écartée aujourd'hui), ou bien le

---

36. Cf. J. Carcopino, *La vie quotidienne à Rome*, p. 113-115, pour le féminisme.

signe de sa capacité à prendre part au culte [37] ? Le motif indiqué (« à cause des anges ») fait-il allusion aux mauvais anges qui convoitent les femmes indécentes, aux anges qui veillent sur le bon ordre des assemblées cultuelles, ou aux anges auxquels l'assemblée chrétienne est unie dans la célébration de son culte [38] ? Nous penchons naturellement pour la dernière opinion dans chaque question posée. Le port du voile par les femmes n'est pas un signe d'infériorité ou de soumission ; c'est, dans le contexte culturel du temps, un signe de dignité, une marque de décence : pure question de convenance qui pourrait trouver, en d'autres temps, d'autres solutions.

b) *Une règle restrictive*

Les règles données aux femmes pour la tenue dans les assemblées cultuelles ne confirment donc pas la présentation de Paul comme porté à l'anti-féminisme. Elles le montrent cherchant une voie pratique entre des convenances juives trop liées au principe de la prépondérance masculine et un féminisme libertaire qui introduirait dans l'Église l'atmosphère des cultes grecs. On trouve pourtant, à la fin du passage consacré à la tenue des assemblées (1 Co 14,33b-35), un passage qui paraît contredire la pratique supposée tout au début (11,4). Ce passage est explicitement référé aux coutumes des « églises des saints » (14,33b), c'est-à-dire aux communautés judéo-chrétiennes. Après les longs développements consacrés à la prophétie et à la glossolalie (14,1-33a), il introduit une disposition restrictive qui prescrit aux femmes le silence complet dans les réunions *(en ekklēsíais)*, en raison de la Loi (= la Tôrah juive !) qui prévoit leur soumission. En cas de besoin, elles peuvent interroger leurs maris à la maison (v. 35a), « car il est inconvenant pour une femme de parler dans une assem-

---

37. Voir Annie Jaubert, « Le voile des femmes (I Cor. XI,2-16) », *NTS*, 18, p. 419-430. Cette interprétation est actuellement regardée comme préférable par beaucoup d'exégètes.

38. Cf. J.A. Fitzmyer, « A feature of Qumran Angelology and the Angels of I Cor. 11,10 », dans *Essays on the Background of the New Testament*, Londres, 1971, p. 187-204.

blée » (v. 35b). Cette disposition est pratiquement identique à celle de 1 Tm 2,11-12, qu'il faudra examiner plus loin. Elle reprend sans aucun aménagement la coutume synagogale la plus sévère[39].

Beaucoup de commentateurs actuels estiment qu'il s'agit d'une addition au texte paulinien primitif. Des arguments sérieux plaident en faveur de cette hypothèse. La différence de tonalité entre 14,33b-35 et 11,5 n'est pas la moindre d'entre eux. Mais il faut remarquer pourtant qu'il ne s'agit pas de la même chose dans les deux cas : 11,5 parle de la prière et de la prophétie, tandis que 14,33b-35 concerne l'interrogation à haute voix en vue de s'instruire. Cette raison est-elle suffisante ? Ne s'attendrait-on pas à voir l'apôtre plus réticent dans le premier cas que dans le second ? Au plan littéraire, on remarque en outre que le v. 36 (ou tout au moins le v. 37) peut être lu à la suite du v. 33a sans interrompre aucunement la pensée, alors que la suite logique est beaucoup moins bonne entre le v. 35 et ce qui le suit. Enfin la critique textuelle pose un problème délicat : certains témoins placent les vv. 33b-35 après le v. 40 (D, G, 88⁺, cinq Mss. de la *Vetus Itala* dont la recension est suivie par l'Ambrosiaster et Sedulius Scotus) : est-ce le signe qu'on est devant une addition insérée en deux endroits différents dans le texte ? A-t-elle été introduite là par un éditeur au moment de la constitution du *Corpus* des lettres, en connexion étroite avec la rédaction des épîtres pastorales ? Ou bien serait-ce une indication supplémentaire insérée par Paul lui-même en marge de la lettre déjà composée, puis introduite dans son texte par les copistes au mieux des possibilités ? Les deux explications sont recevables. Mais en tout cas, il ne s'agit pas d'un principe *doctrinal*. Le bon ordre dans les assemblées est une question purement *disciplinaire* qui relève du droit positif. Si les remarques faites plus haut sur la pression latérale que le culte de Dionysos exerçait à Corinthe dans le cadre des réunions cultuelles, on peut expliquer ce retour en arrière vers les coutumes d'origine juive pour

---

39. J. Jeremias, *Jérusalem au temps de Jésus*, p. 489 s.

éviter toute inconvenance (*aîskhron :* v. 35). Le temps des épîtres pastorales peut être envisagé sans difficulté, mais celui du ministère de saint Paul n'est pas à exclure non plus. L'opportunité des décisions pratiques est une chose, la réflexion sur le statut des femmes dans l'Église en est une autre.

Le bilan des textes de saint Paul examinés jusqu'ici ne peut être que provisoire. Mis à part l'exercice de la prophétie et de la prière publique dans les assemblées, la question des ministères féminins a été laissée de côté. En outre, quelques textes où les relations de Paul avec certaines femmes chrétiennes se laissent entrevoir (notamment dans Rm 16) seront aussi repris plus loin à propos de la même question. Mais il en reste assez pour que la prétendue misogynie de Paul soit classée parmi les légendes. Le principe théologique qui règle son action a deux points d'appui : d'une part, les intentions du Dieu créateur, telles qu'on peut les apercevoir à travers Gn 1 et 2 ; d'autre part, l'action du Christ rédempteur qui conduit à son achèvement le dessein du Créateur en inaugurant l'humanité nouvelle, où sont surmontées les oppositions irréductibles de l'ancienne. Dans cette perspective, l'anthropologie chrétienne tient à la fois à l'égalité des sexes et à leur différence, à leur commune dignité et à leur dépendance mutuelle. Comment coordonner pratiquement ces deux aspects contraires de la réalité ? Ici interviennent nécessairement des facteurs culturels variables, avec lesquels l'annonce de l'Évangile et l'organisation de l'Église doivent compter : les comportements, les coutumes, le langage employé, n'ont en effet de signification intelligible que dans le système au sein desquels ils sont employés. Que Paul traite de la casuistique du mariage ou qu'il énonce des règles pour le bon ordre des assemblées chrétiennes, il propose des solutions qui reflètent nécessairement la culture de son temps, ou plutôt, qui se situent au point de recoupement entre la culture propre du judaïsme et les divers courants observables dans la civilisation hellénistique (grecque, orientale ou romaine) : c'est là que doit se manifester l'originalité chrétienne.

Il ne peut être question de changer ni le droit en vigueur dans les institutions politiques ou familiales, ni les costumes en usage dans les milieux masculins et féminins, ni les habitudes sociales qui fixent les préséances, les marques de respect, l'honorabilité et la décence adaptées aux situations des hommes et des femmes. Il s'agit seulement d'y choisir ce qui peut devenir le signe distinctif des mœurs chrétiennes, dans la conduite courante et dans les relations nouées à l'intérieur des communautés. L'éthique ainsi comprise comporte naturellement des points obligatoires sans lesquels l'identité chrétienne se dissoudrait (par exemple, en matière de comportement sexuel). Mais elle se relie aussi à un droit coutumier qui, par définition, pourrait être différent si la situation d'ensemble changerait (par exemple, à propos du silence des femmes dans les assemblées ou du port du voile qui marque leur caractère respectable). Au cours des siècles chrétiens, les commentateurs de saint Paul n'ont pas toujours tenu compte de cette différence, pourtant capitale, en vue d'une juste interprétation des épîtres. On constatera qu'il en va de même pour tous les autres textes du Nouveau Testament.

3

Les données des autres épîtres

I. LES RÈGLES DE MORALE DOMESTIQUE

La casuistique de 1 Co 7 envisageait les devoirs respectifs des époux sous un angle assez restreint : celui des rapports sexuels, qui ne constituent évidemment pas toute la vie commune. Le choix de la continence n'était pas écarté, pourvu que ce soit « d'un commun accord, pour un temps, afin de vaquer à la prière » (7,5). Raisonnant en homme à partir de son expérience personnelle, Paul voudrait bien, préférerait (sens de *thélō* dans ce contexte), que tout le monde vive comme lui. Mais il est assez réaliste pour évaluer les possibilités pratiques de fidèles, sans d'ailleurs donner des ordres dans un domaine où les époux ont à faire des choix en commun (*ou kat'épitagḗn*, v. 6). Il parle de « s'acquitter de son devoir » *(tḕn opheilḕn apodídonai)*, explique que les deux époux « ne disposent pas de leur propre corps » (*toû idíou sṓmatos ouk exousiázeï*, v. 4). Ce langage, peut-être trop juridique pour notre goût, met à égalité les hommes et les femmes : cela rejoint le principe général affirmé par ailleurs (Ga 3,28).

L'allusion au « don de grâce » *(khárisma)* particulier qui s'attache à tous les états de vie (7,7), aussi bien celui du mariage que celui de l'abstinence sexuelle, suppose d'ailleurs que les relations entre époux sont vues sur l'arrière-plan des « charismes » dont il est question dans les ch. 12 à 14. Or au-dessus des dons de grâce particuliers, même les plus hauts, il est une voie qui les dépasse tous : c'est la pratique de l'amour de charité (*agápē* : 1 Co 12,31-13,13). Dans la logique de cette vue, l'amour interpersonnel des époux, tel que 1 Co 7,2-5 le fait entrevoir, suppose à sa source l'exercice de l'« amour de charité » qui caractérise toute l'existence chrétienne. La condition féminine dans le mariage doit être comprise en fonction de cet arrière-plan, même quand sa réalité pratique intègre les aspects les plus charnels de l'être. Le respect mutuel que les époux se portent « dans le Seigneur » leur donnera sûrement une capacité d'invention suffisante pour que le mari ne traite pas sa femme comme il traiterait une prostituée, et qu'inversement la femme trouve les attitudes qui conviennent à sa dignité d'épouse. Cela n'est pas dit explicitement, mais c'est en filigrane dans le texte, qui évite toute casuistique déplacée d'ordre proprement érotique.

Il reste une série de passages, dans diverses épîtres, qui traitent de questions relatives à la morale domestique, la « maison » étant entendue dans un sens élargi qui comprend les époux, leurs enfants et leurs domestiques ou esclaves (voir Col 3,18-4,1 ; Ep 5,21-6,9 ; 1 P 2,18-3,7 ; Tt 2,3-5, qui sera examiné plus loin). On laissera ici de côté le problème des rapports entre maîtres et esclaves, qui suppose une prise de position en face des statuts juridiques déterminés par la société civile du temps. Quant aux rapports entre parents et enfants (Col 3,20-21 ; Ep 6,1-4), on remarquera seulement que les deux époux sont associés dans leur tâche d'éducation d'une façon qui passe peut-être aujourd'hui pour courante ; mais elle l'était moins dans l'antiquité. Venons-en aux rapports entre maris et femmes, supposés chrétiens tous les deux dans les épîtres aux Colossiens et aux Éphésiens, mais non dans la première lettre de Pierre. Le principe de la « soumission » des femmes aux maris (Col 3,18 ; Ep 5,22 ; 1 P 3,1) n'est pas un précepte de morale chrétienne : c'est d'abord *un principe de droit*, commun à la société juive, à la société grecque et à la société romaine : Paul se place dans le cadre institutionnel de son temps, réglé par le droit écrit ou coutumier qu'il n'a pas mission de changer [1].

La *I*ᵃ *Petri* se trouve dans la même situation. On y relève même le motif pour lequel la conduite des chrétiens doit être exemplaire dans un monde qui juge l'Évangile à travers eux : « Ayez une belle conduite parmi les païens, afin que, sur le point même où ils vous calomnient comme malfaiteurs, en voyant vos bonnes œuvres ils glorifient Dieu au jour de sa Visite » (1 P 2,12). De là le respect d'un ordre social qui suppose la soumission des sujets aux autorités politiques (1 P 2,13-17), des domestiques *(oikétai)* aux maîtres *(despótai* : 2,18-25), des femmes aux maris (3,1). Les épîtres aux Colossiens et aux Éphésiens parlent, dans le même sens, de l'obéissance *(hypakoúō)* des enfants aux parents (Col 3,20 ; Ep 6,1) et des esclaves *(doûloi)* aux maîtres (Col 3,22 ; Ep 6,5). Mais on n'oubliera pas que, dans la société chrétienne, cet ordre institutionnel est regardé comme dépassé : dans le Christ, « il n'y a ni esclaves, ni hommes libres »

---

1. Ce qu'il y a de proprement chrétien, ce n'est donc pas le principe de la « soumission » des femmes à leurs maris, mais ce qui suit. Dans Col 3,18 : « ... comme il convient *(hōs anêken)* dans le Seigneur », ce qui s'entend d'une relation dont la référence au Seigneur commande tous les aspects. La suite le montre d'ailleurs : « Maris, aimez vos femmes... » On n'est plus dans l'ordre du droit, mais dans celui de l'éthique chrétienne, car le droit ne prescrit rien en matière d'*agápē*, amour marqué par le don de soi. Ep 5,22 place le précepte de la soumission des femmes aux maris dans un cadre plus général : « Soyez soumis les uns aux autres dans la crainte du Christ : les femmes à leurs propres maris comme au Seigneur... » La suite donne le motif de cette soumission : « ... le mari est chef *(képhalē)* de la femme comme le Christ est chef de l'Église » (5,23). Cet appel au symbolisme des sexes implique-t-il une supériorité ? Voyons la suite : « Maris, aimez vos femmes comme le Christ a aimé l'Église et s'est livré pour elle » (5,23b). On n'est plus au plan du droit, mais d'une éthique nouvelle où l'imitation du Christ implique l'amour *(agápē)* jusqu'au don de soi, jusqu'à la mort. S'il en est ainsi, la soumission de la femme ne pose plus aucun problème. Dans 1 P 3,1, le principe juridique de la soumission est rappelé, mais la suite envisage le problème des mariages mixtes où le mari sera amené à Dieu en voyant la conduite parfaite de sa femme. Il y aurait donc une erreur à présenter le principe de droit coutumier, dont le Nouveau Testament n'abolit pas la lettre, pour un principe fondamental de la morale chrétienne.

(Ga 3,28 ; 1 Co 12,13 ; Col 3,11). Les mœurs chrétiennes instaurent une égalité de principe qui doit transformer de l'intérieur les attitudes réciproques : ceux qui sont en situation de maîtres ont aussi un Maître dans le ciel qui ne fait pas acception des personnes (Col 4,1 ; Ep 6,9), et ils ont des obligations envers leurs esclaves.

De même, à plus forte raison, le principe d'égalité entre les époux entraîne des conséquences pratiques dans l'exercice de l'autorité que le droit accorde au mari. Les épîtres pauliniennes recourent sur ce point à la morale de l'amour (*agapân* : Col 3,19, développé en Ep 5,25-29.33). La *I^a Petri* invite les maris à pratiquer la vie commune en manifestant leur compréhension envers la femme, plus fragile, et en lui accordant sa part d'honneur en tant que cohéritière de la grâce de vie (1 P 3,7). En recourant à la symbolique du mariage, qui figure les relations entre le Christ et son Église, l'épître aux Éphésiens montre même en quoi consiste le véritable amour conjugal : non seulement « aimer sa femme, c'est s'aimer soi-même » (Ep 5,28), car les deux ne font qu'une seule chair (5,31 ; cf. Gn 2,24) ; mais c'est aussi être prêt à se donner comme le Christ, qui « s'est livré lui-même » jusqu'à perdre la vie (5,25). Si cette nouvelle manière de vivre est prise au sérieux, la « soumission » légalement requise revêt un autre caractère, car la personne du Seigneur est à l'arrière-plan de la conduite de la femme et de celle du mari : celui-ci voudra être le « sauveur » de celle dont il est le « chef » (5,23 ; cf. 1 Co 11,3), et celle-là mettra dans ses attitudes une reconnaissance concrète du Christ dans son mari (5,22.33).

Le problème traité n'est donc pas celui des droits respectifs dans la société : c'est celui des règles qui conviennent à l'existence « selon l'Esprit de Dieu ». La *I^a Petri* envisage même le cas des épouses dont les maris « refusent de croire à la Parole », donc restent païens (3,1) : il faut que, sans parole, ils soient gagnés par la conduite de leurs femmes, pure et respectueuse (1 P 3,1-2). Les conseils donnés à propos de la parure (3,3) touchent à des détails d'ordre purement culturel. Mais la réserve proposée sur ce point vient d'une attention à l'essentiel de la féminité : « l'être humain *(ánthrōpos)* caché au fond du cœur, dans l'incorruptibilité d'un esprit doux et paisible » (3,4).

Il est certain que ces considérations ne sont pas sans parallèles dans la littérature du temps, soit chez Philon, soit dans le courant stoïcien[2]. En les reprenant, les auteurs du Nouveau Testament n'ajoutent peut-être pas grand-chose à leur contenu éthique, mais ils y introduisent une motivation qui en transforme le sens. La référence aux intentions du Créateur est elle-même dépassée par la référence au Christ rédempteur. Dans ce but, le symbolisme des deux sexes est repris en prolongement de l'Ancien Testament, pour faire comprendre à partir de lui l'amour du Christ pour son Église (Ep 5,25-27.33). En tant que membres de l'Église, les fidèles des deux sexes doivent se sentir en position d'Épouse devant le Christ-Époux.

Pour répondre à l'amour prévenant du Christ, leur amour *(agápē)* doit assumer aussi la totalité de leur vie conjugale. L'indication expresse qui est donnée à cet égard pour les maris (Ep 5,25 et par.) se comprend très bien, puisqu'elle contredit le désir de domination que pourrait entraîner leur position sociale, reconnue par le droit et par l'opinion commune. Elle suppose naturellement que les épouses chrétiennes sont dans la même disposition. S'il en est ainsi, l'idée de « soumission » change aussi de sens, et la « crainte » que mentionne Ep 5,33 devient une révérence qui exclut tout sentiment d'infériorité. Il faut prévoir, bien sûr, un décalage entre cet idéal et les faits. Mais toute la vie chrétienne en est là. L'horizon qui lui est fixé détermine la condition réelle de la femme dans le cadre du mystère du Christ. Le reste n'est qu'une adaptation à la situation culturelle du couple dans une société qui peut connaître toutes sortes de changements.

---

2. Ce fait est souligné par C. Spicq, *Les épîtres de Pierre*, Gabalda, 1966, p. 118 s.

II. LES ÉPÎTRES PASTORALES

Les épîtres pastorales ne sont pas plus spéculatives que les grandes épîtres de saint Paul. Elles donnent des recommandations concrètes pour la vie chrétienne. En y voyant des documents rédigés dans le dernier quart du Iᵉʳ siècle (apparemment avant 95, date où les structures des églises étaient identiques à celles que suppose la *Iᵃ Clementis*), on n'explique pas seulement les différences qu'elles présentent avec le reste du *Corpus* paulinien ; on constate l'évolution de la situation en un quart de siècle, dans un milieu qui connaissait ce *Corpus* et où l'on se préoccupait de conserver fidèlement le « dépôt » (1 Tm 6,20) reçu de l'apôtre. Deux textes parlent de la tenue des femmes dans les assemblées liturgiques et dans la vie courante (1 Tm 2,9-15 et Tt 2,3-5). Il s'y ajoute l'instruction relative au groupe des veuves (1 Tm 5,3-16). A partir de ces indications pratiques, on peut entrevoir la pensée du rédacteur, et donc la doctrine reçue comme traditionnelle dans le milieu auquel il appartient au sujet de la condition féminine.

1. La tenue des femmes

Le conseil de modestie dans la tenue (1 Tm 2,9-10) rejoint une indication déjà rencontrée dans 1 P 3,2-4 : il réagit visiblement contre certaines modes excentriques qui avaient cours dans les milieux grecs et romains : on le sait d'ailleurs par les romanciers et les satiriques latins[3]. L'appréciation positive de la « tenue décente », de la « parure pudique et modeste » où toute parure n'est pourtant pas proscrite, comporte évidemment des éléments variables suivant les temps et les cultures. Mais inversement, l'« éloge des "œuvres bonnes" » et le souci de la « piété » *(theosébeia)* concernent des dispositions intérieures qui peuvent faire inventer les solutions justes. La piété

---

3. Le fait est noté par C. Spicq, *Les épîtres pastorales*, Gabalda, 1969, p. 375-378, qui cite les textes correspondants.

et la dignité sont d'ailleurs des attitudes qui concernent tous les fidèles (2,2), mais chaque sexe et chaque âge doit trouver les moyens propres à les promouvoir. La féminité a, sur ce point, ses tentations et ses exigences particulières. La perspective de la prière commune et publique constitue l'horizon de tout le chapitre (cf. 2,1-2). Le v. 8 montrait les hommes priant les mains levées : en leur donnant l'ordre d'éviter colère et dispute, l'auteur touchait à un point sensible du caractère masculin, surtout en pays grec[4]. Mais il se soucie également de l'ordre dans les assemblées cultuelles.

En connexion étroite avec le passage (peut-être interpolé) de 1 Co 14,34-35, il pose fermement en principe que les femmes doivent « se tenir tranquilles », exactement comme dans les réunions synagogales. Le moment visé n'est pas celui de la prière commune, dans laquelle il n'est d'ailleurs plus question de glossolalie, comme c'était le cas en 1 Co 12 et 14. Ce n'est pas celui de la libre prise de parole que suppose la prophétie : il n'est plus question de prophétie dans les épîtres pastorales. C'est le moment de l'instruction dispensée aux fidèles. La femme est là pour s'instruire *(manthanétō)*, et il ne lui est pas permis d'enseigner *(didáskein)*, fonction réservée aux hommes comme dans les synagogues. Il n'est pas impossible que l'expérience des difficultés soulevées par une pratique contraire en milieu helléno-chrétien ait entraîné sur ce point un retour aux coutumes judéo-chrétiennes : on sait que le démantèlement d'une structure sociale, même contestable, ne fait pas trouver d'emblée une autre structure équilibrée. De la réunion en église qu'évoque 1 Co 12-14 (exception faite de 14,34-35) à celle que fait entrevoir 1 Tm 2, il y a une évolution considérable. Mais n'y avait-il pas une évolution parallèle entre les réunions judéo-chrétiennes et celles de l'église de Corinthe ? On est ici au plan du *droit positif*, que le Nouveau Testament n'a visiblement pas unifié.

Il reste à justifier ce droit positif à partir de l'Écriture, puisque celle-ci est l'autorité suprême. L'auteur procède ici comme

---

4. C. Spicq, *op. cit.*, p. 374.

faisaient les rabbins contemporains en matière de *halakha* ; il fait appel à Gn 2,18-22 et 3,12-13, en raisonnant sur deux données de ces récits : Ève a été formée après Adam, et c'est elle qui s'est laissé duper en se rendant coupable de transgression (1 Tm 2,13-14). Ces deux éléments sont utilisés pour combattre une prétention exprimée par un terme précis : *authenteîn*, « agir en maître absolu [5] », mais « par rapport à l'homme », précise le texte. Il y aurait là en effet un renversement de situation qui contredirait non seulement l'anthropologie exprimée dans la Genèse sous une forme imagée, mais même le rapport symbolique que saint Paul reconnaît ailleurs au sexe masculin pour figurer le Christ comme chef de l'Église. L'auteur s'efforce d'ajuster la règle de droit positif (vv. 11-12) à l'ordre de la création (v. 13) et à la condition de faiblesse dont Ève constitue l'exemple topique (v. 14).

Ces éléments de jugement, aisément reliés à la structure sociale des Juifs et du monde gréco-romain en cette fin du Ier siècle, touchent effectivement à l'anthropologie chrétienne, et il faut en tenir compte dans toute réflexion théologique sur la situation respective des deux sexes dans l'Église et dans la société humaine. Mais ils n'interviennent que pour combattre une tendance dangereuse, et ils ne disent pas tout sur la valeur et le sens de la féminité. En outre, la règle pratique qu'ils servent à fonder ne saurait être présentée comme un principe de « droit naturel », car elle résout un problème d'organisation cultuelle en fonction des données de l'époque. Il faut donc se garder d'abuser de ce texte en faisant entrer dans la sphère du droit divin ce qui ne relève que d'un droit positif variable. Si l'environnement culturel change, le droit positif peut changer aussi, pourvu que soient prises en compte les données permanentes que l'auteur indique ici à partir de la Genèse pour caractériser la féminité dans sa relation à la masculinité. Mais où s'arrêtent alors les certitudes de la foi, et où commence la réflexion qui recourt à une anthropologie philosophique

---

5. *Ibid.*, p. 380.

éventuellement variable[6] ? Dans sa discussion détaillée, C. Spicq montre l'adaptation du raisonnement au milieu juif et païen de l'époque, mais il n'en examine peut-être pas assez le caractère relatif au point de vue du droit positif.

Le v. 15 oppose, à la figure d'Ève « dupée » qui se rend coupable de transgression, la situation de la femme qui « sera sauvée en devenant mère », à condition de persévérer dans sa bonne conduite. L'insistance sur l'enfantement *(teknogonía)* n'en fait pas un devoir hors duquel le salut ne pourrait pas être obtenu : elle montre simplement que le rôle maternel a un caractère salutaire pour qui le remplit bien, car il correspond à la vocation propre du sexe féminin[7]. Deux données culturelles de l'époque donnent un relief particulier à ce texte[8]. En milieu païen, la stérilité et l'avortement étaient alors un tel fléau social que les lois de l'empire s'efforcèrent de le pallier[9]. En milieu chrétien, la propagande des premiers docteurs gnostiques commençait à se déployer et leur activité visait spécialement les femmes[10]. Notre texte se place dans la perspective ouverte par la révélation biblique. Mais on ne saurait lui faire résoudre des problèmes qu'il n'envisage pas, par exemple en l'invoquant à propos des questions qui touchent à la régulation des naissances. Promouvoir l'honneur de la maternité n'équivaut pas à conseiller la mise au monde du plus grand nombre d'enfants possible. Il faut recourir à d'autres textes pour éclairer cette question pratique.

---

6. *Ibid.*, p. 381 s. et 386 s.

7. J. Carcopino, *La vie quotidienne à Rome*, p. 113 ; le fait est rappelé par C. Spicq, *Les épîtres pastorales*, p. 383 s. Il est clair que cette prise de position revêt une nouvelle actualité dans toute société où l'avortement serait regardé comme normal et éventuellement entériné par la loi. On serait alors en dehors de toute référence chrétienne – et simplement humaine.

8. On ne doit pas oublier que les textes en question sont en rapport avec l'*inculturation* de l'Évangile en milieu païen.

9. J. Carcopino, *La vie quotidienne à Rome*, p. 113 ; cf. C. Spicq, *op. cit.*, p. 383 s.

10. Le fait est signalé par C. Spicq dans son commentaire, p. 396-399 et 497 s. L'équilibre de l'éthique chrétienne occupe donc un juste milieu entre deux excès opposés. On constate sans étonnement que l'équilibre de la sexualité humaine a posé des cas de conscience dès l'antiquité chrétienne.

2. Le problème des veuves

La question du veuvage n'est examinée ici (1 Tm 5,3-16) qu'en fonction des problèmes particuliers que peuvent poser les cas concrets. Le passage nous renseigne moins sur la réflexion anthropologique de l'auteur que sur la sociologie des communautés chrétiennes et l'idéal de vie que les femmes veuves s'efforçaient d'y pratiquer : prise en charge des veuves vraiment seules (*memonōménē*, v. 5) par la communauté (cf. v. 16), en signe de solidarité chrétienne ; soutien normal des familles (v. 4 et 16), sans lequel les parents négligents se montreraient pires que des infidèles (v. 8) ; existence d'un groupe de veuves qui consacrent leur temps au service de Dieu et du prochain (vv. 5b,9-10) ; conditions requises pour appartenir à ce groupe (vv. 6-7,11-13). En ce qui concerne les « jeunes veuves » qui ont pris imprudemment l'engagement de ne pas se remarier, le texte brosse un tableau de mœurs réaliste et sans illusions (vv. 11-13). Le contraste avec l'appréciation du célibat dans 1 Co 7,8-9 ne doit pas être exagéré. En cet endroit, Paul préconisait le mariage pour ceux qui ne pouvaient pas pratiquer la continence. Ici, ce conseil devient une sorte d'ordre, pour éviter les dangers d'un faux veuvage : le mariage, l'exercice de la maternité, la tenue de la maison, le souci de ne donner prise à aucune insulte (v. 14), appartiennent aux moyens normaux de la vraie vie chrétienne.

Il n'est pas inutile de souligner qu'en tout cela les femmes ne sont aucunement traitées comme des personnages de second rang. Le chef de communauté, dont Timothée est le type, doit « honorer les veuves » (v. 3), exhorter le vieillard « comme un père, les jeunes gens comme des frères, les femmes âgées comme des mères [11], les jeunes comme des sœurs, en toute pureté » (5,1) : cette transposition des relations familiales indique quel genre de relations doit s'ouvrir à l'intérieur de chaque

---

11. On peut rappeler à ce propos le texte du billet qui termine l'épître aux Romains : « Saluez Rufus, cet élu dans le Seigneur, et sa mère qui est aussi la mienne » (Rm 16,13).

église locale. Inversement, les diverses catégories de chrétiens et de chrétiennes ont à montrer par leur vie ce qu'est la « saine doctrine » à laquelle ils croient (Tt 2,1).

La lettre à Tite reprend dans cette perspective l'énumération des devoirs domestiques (Tt 2,2-10). On peut y détacher le passage consacré aux femmes âgées et aux plus jeunes (vv. 3-5). Il est en rapport étroit avec la vie familiale telle qu'on la pratiquait à l'époque. C. Spicq [12] rappelle avec raison que les conseils donnés s'entendent, pour une part, « en fonction de ce grand mouvement d'émancipation familiale du Iᵉʳ siècle [13] qui comportait des excès, comme toutes les acquisitions nouvelles de liberté », et qui a dû se manifester aussi dans les communautés chrétiennes. Ce conditionnement historique et culturel du texte ne doit pas être perdu de vue, si on veut en déterminer exactement la visée. On risquerait, autrement, de généraliser comme un principe absolu ce qui ne fait que particulariser les règles de l'existence chrétienne, de la même façon qu'on risquait plus haut de rattacher au droit divin ce qui est du ressort du droit positif. La tension entre le principe de la liberté dans le Christ et les règles précises de conduite, est un élément constitutif de l'éthique chrétienne authentique. Il en va de même pour la tension entre le principe de l'égalité des deux sexes dans le Christ et la mise en place d'un ordre communautaire qui respecte leurs différences.

---

12. *Les épîtres pastorales*, p. 621.
13. Ici, le renvoi à l'art. *ékhō* du *TWNT* (t. II, 826 s.) ne concerne guère que l'acquisition des biens familiaux, en y opposant l'attitude de l'Église primitive à l'égard des possessions. Ce n'est pas exactement la question à laquelle s'intéressent les épîtres pastorales.

II

LE PROBLÈME
DES MINISTÈRES FÉMININS

L'étude de ce point comporte l'examen de deux questions :

1) La question de fait *concerne la pratique attestée dans le Nouveau Testament, au niveau de Jésus et au niveau des milieux apostoliques et sub-apostoliques.*

2) La question de droit *suppose une évaluation des faits établis précédemment en fonction du milieu culturel dans lequel ils ont pris place. Le premier point repose sur un dossier assez mince : les épîtres pauliniennes, les Actes des apôtres, une allusion de l'apocalypse, les textes relatifs aux apparitions du Christ ressuscité, les allusions possibles de quelques textes de Luc. Le second point doit élargir le débat pour faire entrer en ligne de compte certaines données plus générales de théologie néo-testamentaire : égalité des deux sexes dans l'« humanité nouvelle » constituée en Église ; différenciation entre les deux sexes, en rapport avec leurs « valences » symboliques respectives.*

4

Examen des données de fait

Les épîtres pauliniennes fournissent un certain nombre de données de fait qu'il est important d'analyser pour éclairer la question présente. Les plus importantes risquent de passer inaperçues, parce qu'elles figurent dans des textes sur lesquels on passe également d'une façon rapide : les salutations finales des épîtres.

I. LA FEMME ET LES MINISTÈRES DE LA PAROLE

1. Prophétie et prière publique

Commençons par un fait signalé plus haut. D'après la description des réunions cultuelles que signale 1 Co 11,4-5, l'exercice de la prière publique et de la prophétie était possible aux femmes comme aux hommes. La prophétie, c'est la prise de parole qui exhorte et édifie. Or, d'après 1 Co 12,7, elle est une des « manifestations de l'Esprit données aux fidèles en vue du bien commun » *(tò symphéron)*. Elle peut toutefois être envisagée en fonction de l'Esprit, du Seigneur, ou de Dieu (= le Père). En fonction de l'Esprit, elle est un de ses *kharísmata* (« dons gratuits »). En fonction du Seigneur, c'est-à-dire du Christ glorifié, elle est un « service » *(diakonía),* qu'il serait toutefois abusif de qualifier de « ministère » au sens technique du mot. En fonction de Dieu, elle est une opération *(enérgēma)* qui montre sa puissance agissante (1 Co 12,4-6). De toute façon, en ce sens général, tout don charismatique accordé en vue d'une activité publique diffère des dons individuels, appelés aussi *charísmata*, qui concernent les modes de vie personnels, célibat ou mariage (cf. 1 Co 7,7). Dans le cas visé ici, il a une finalité de service (de *diakonía*).

On n'est pas renseigné par là sur la structure ministérielle des églises, comprise en un sens précis et restreint que Paul mentionne à maintes reprises.

Pour le mot *diakonía*, relevons 1 Co 16,15 ; 2 Co 3,8-9; 4,1 ; 5,18 ; 6,3 ; 11,8 ; Rm 12,7 ; Col 4,17 ; Ep 4,12. Pour le mot *diákonos* : 1 Th 3,2 ; Ph 1,1 ; 1 Co 3,5 ; 2 Co 3,6 ; 11,23 ; Col 1,7.23.25 ; 4,16 ; Ep 3,7 ; 6,21 (dans Rm 16,1, le mot concerne une femme qui pose, à ce titre, un problème particulier). Pour le verbe *diakoné-ō* : 2 Co 3,3 ; Phm 13. Il s'agit tantôt du ministère de Paul lui-même, tantôt de celui de ses coopérateurs. On laisse ici de côté les emplois relatifs à la quête pour l'église de Jérusalem : 2 Co 8,4 ; 9,1.12.13 ; Rm 15,25.

La diversité de ces emplois montre deux choses. D'une part, toute fonction remplie dans l'Église est définie en termes de service. Paul lui-même, comme ses collaborateurs, est *diákonos* de Dieu, du Christ, de l'Évangile, de l'alliance nouvelle (1 Co 3,5 ; 2 Co 3,6 ; 6,4 ; 11,15.23 ; Col 1,7.23.25 ; 4,7 ; Ep 3,7.6,21 ; 1 Th 3,2, avec la variante *synergós*). Mais pour insister sur sa soumission au Christ, il n'hésite pas à se qualifier lui-même de *doûlos*, « esclave » (de Jésus-Christ : Rm 1,1 ; Ga 1,10 ; Ph 1,1). De toute façon, c'est toute fonction d'Église qui est ainsi définie comme « service ». Du même coup, l'Église se distingue des cultes juifs et païens qui ont à leur tête des *hiereîs*, « sacerdotes » (le terme a perdu son équivalent français, qui devrait être « sacerdote »)[1].

Il existe, à vrai dire, trois fonctions dont les désignations archaïques sont clairement d'origine judéo-chrétienne et qui

---

1. L'italien a conservé les deux mots. Mais l'anglais n'a que « priest », et l'allemand, « Priester » (« Geistlicher » désigne tout membre d'un clergé : prêtre catholique, pasteur protestant ou rabbin ; c'est, littéralement, un « homme de l'Esprit »).

structurent la mission évangélique en tant que services de la Parole : celles des apôtres, des prophètes et des docteurs (1 Co 12,28) ; les deux dernières désignations figurent dans la présentation lucanienne de l'église d'Antioche (Ac 13,1). Mais il faut distinguer la fonction permanente de « prophète » [2] du don de « prophétie » qui peut faire l'objet d'une manifestation spontanée dans toute réunion en Église : c'est à ce point de vue que les femmes peuvent prophétiser aussi bien que les hommes. Quant à la prière exprimée en public, il est difficile d'en détacher l'exercice du don des langues (glossolalie), puis que celui qui parle ainsi en termes mystérieux « ne parle pas aux hommes, mais à Dieu » (14,2), et « s'édifie lui-même » (14,4) ; il « prie en langue » et « son esprit est en prière », mais « son intelligence n'en retire aucun fruit » (14,4).

2. L'enseignement

Rien de tout cela ne touche au service de la Parole de Dieu sous la forme de l'enseignement *(didaskalía)*. Paul fait pourtant allusion dans ce même chapitre à quatre sortes de services communautaires effectués au moyen de la parole : la révélation, la science *(gnôsis)*, la prophétie et l'instruction *(didakhé)* (14,6). L'épître aux Romains, écrite de Corinthe, connaît, à côté de la prophétie, l'enseignement *(didaskalía)* donné par celui qui instruit *(didáskōn)* (12,7), et l'exhortation *(paraklēsis)*, rattachée ailleurs à la prophétie (1 Co 14,3). Le service de la Parole par les femmes dans le cadre des réunions en Église semble donc limité à des actes occasionnels. Mais s'il exclut l'enseignement, c'est que celui-ci suppose une connaissance préalable des Écritures. Au temps de saint Paul, cela ne donnait pas aux femmes la capacité d'en exposer le sens en fonction de l'Évangile. Mais ce n'était qu'en raison d'une question de fait.

---

2. La *Didachè* connaît cette fonction de prophète en tant que ministère ambulant (Did 10,7 ; 11,7-13 ; 13,3-7 ; 15,1-2).

L'addition de 1 Co 14,33b-35, qui se réfère à la pratique des églises judéo-chrétiennes, est plus restrictive. Mais, comme on l'a vu plus haut[3], il est difficile de dire si elle vient de Paul lui-même ou d'un éditeur de la lettre. Elle ne porte en tout cas que sur le discours public *(laleîn)* prononcé en réunion d'église *(en ekklēsía[i])* pour le bénéfice des fidèles qui veulent s'instruire *(manthánein/mathein* : v. 34). La règle de « soumission » *(hypotássesthai* : v. 34), bien que connue de saint Paul, est fortement marquée par la culture juive ; mais le caractère « honteux » *(aîskhron)* de la prise de parole par les femmes dans l'assemblée, est une affaire d'appréciation plus relative encore. La situation des femmes par rapport à la possibilité d'enseigner peut donc changer, aussi bien que l'appréciation de ce qui est décent ou honteux : cette règle de droit positif peut donc changer aussi.

Il faut comprendre de la même manière la règle restrictive énoncée en 1 Tm 2,11-12 : le problème posé concerne le moment où les fidèles s'instruisent *(manthánô)* et il intéresse les femmes à ce titre ; mais l'interdiction d'enseigner *(didáskein)* est liée à celle de prétendre « faire la loi à l'homme » *(authenteîn andrós)*. Une évolution culturelle et un changement de situation psychologique peuvent conduire à recommander une règle pratique toute différente. Pour expliquer comment l'épître tente de justifier par l'Écriture le principe de la soumission *(hypotagḗ* : v. 11) de la femme à l'autorité masculine, C. Spicq estime que l'auteur a en tête le texte de Gn 3,16 *(autós sou kyrieúsei* : « il dominera sur toi »)[4]. Un texte de Flavius Josèphe semble en effet poser la même règle en fonction de ce passage : « La femme, dit (la Loi), est inférieure à l'homme en tout ; qu'elle obéisse *(hypakouétô)* donc, non en vue d'être humiliée, mais afin d'être dirigée ; car Dieu a donné l'autorité *(krátos)* à l'homme[5] ». Mais Gn 3,16 présente une situation de fait qui est étroitement reliée à la condition

3. Cf. *supra*, p. 63-65.
4. C. Spicq, *Les épîtres pastorales*, p. 380.
5. Fl. Josèphe, *Contre Apion*, II, xxiv, 201 (ce passage est suspecté à tort par Niese).

de l'humanité pécheresse, et non au seul ordre de la création voulu par Dieu. La nouvelle création qui résulte de l'acte rédempteur n'entraîne-t-elle pas une mutation dans cette condition même ? Il serait fallacieux de faire appel ici au principe : *Gratia non tollit naturam.* C. Spicq note avec plus de justesse que la consigne de silence *(hēsykhía)* rattachée au péché d'Ève dans le v. 14, résulte peut-être d'une mauvaise coupure de phrase dans Gn 4,7 dans la Septante : *hémartes, hēsýchason* (« tu as péché, tais-toi ! ») ; Paul et ses premiers commentateurs auraient été abusés par ce texte[6]. Mais le passage concerne Caïn et non Ève, et Philon[7] l'applique aux insensés en général, non à la femme en particulier. Il est donc clair que le texte de 1 Tm 2,11-14 reste une règle de droit positif adaptée à un contexte culturel déterminé et susceptible de modifications.

Les règles données dans les épîtres, en vue de l'ordre général dans les assemblées, sont une chose. La pratique reflétée dans les salutations finales de quelques lettres en sont une autre. Plusieurs passages doivent être pris ici en considération : 1 Co 16,15-19 ; Rm 16,1-16 ; Ph 4,2-3 ; Col 4,10-17 ; accessoirement 2 Tm 4,19-21. La proportion de femmes est importante dans tous ces textes. Ceux qu'inquiète la misogynie de saint Paul devraient les lire d'un peu plus près. On peut y ajouter 1 Co 9,5 (et accessoirement 1 Tm 5,9-10, qui décrit le service propre des veuves). Il est vrai que le décryptage des indications données est difficile, quand on y cherche des précisions sur la situation des fidèles des deux sexes dans les communautés locales : dans quelle mesure y remplissent-ils des fonctions « ministérielles » au sens étroit du mot défini plus haut ? Le vocabulaire employé doit être examiné de près.

---

6. *Les épîtres pastorales*, p. 382.
7. Philon, *De mutatione nominum*, 195.

1. Autour de 1 Co 16,15-19

Dans ce texte, il est clair que « la maison de Stéphanas » (v. 15), à laquelle appartiennent au moins « Stéphanas, Fortunatus et Akhaïkos » nommés plus loin (v. 17) en tant que « prémices de l'Achaïe », c'est-à-dire les premiers baptisés de Corinthe (cf. 1 Co 1,16), a fait une proposition de « service » *(diakonía)* que Paul a acceptée en mettant ainsi en place le noyau d'un ministère local. Le voyage fait à Éphèse par Stéphanas et ses deux compagnons (vv. 17-18) laisse entendre qu'ils avaient un poste de responsabilité. Mais d'autres « travaillaient et peinaient avec eux » *(synergoûnti kai kopiônti)* (v. 16), et Paul exhorte les fidèles à se soumettre *(hypotássesthe)* à des hommes de cette sorte (v. 16). En dehors de ces « ministres » liés à l'organisation pratique des églises locales, il y avait aussi des prédicateurs qui ne faisaient que passer (Apollôs : 3,5-6 et 16,12), et des envoyés spéciaux de l'apôtre (Timothée : 16,10). Il n'est pas étonnant qu'aucune femme ne soit nommée dans ces deux catégories. Mais on peut déduire de 1 Co 9,5 que « les autres apôtres, les frères du Seigneur et Céphas » étaient accompagnés dans leurs voyages ministériels par « une femme-sœur » qui ne s'occupait peut-être pas uniquement de leur service matériel, mais pouvait partager leurs soucis – dans la mesure où la situation le permettait. On songe naturellement aux épouses de ces hommes, appelés au ministère après leur mariage. Cette présence des épouses apparaît comme très discrète.

On peut se demander aussi où se réunissait l'église à Corinthe. En l'absence de lieu de culte particulier et en raison du grand nombre de païens convertis, qui empêchaient de recourir à la réglementation relative aux synagogues, les assemblées bénéficiaient de l'hospitalité offerte par des fidèles aisés. Citons ici C. Spicq :

« C'est un étrange contresens que d'envisager les premiers convertis comme des esclaves et de petites gens, alors que les lettres apostoliques (sauf *Jac.*) et celles de l'Apocalypse s'adressent surtout à des personnes aisées et de condition libre, qui travaillent pour subvenir aux besoins des nécessiteux (Ep 4,28 ; Ac 20,25) et rivalisent d'émulation (2 Co 8,8) pour constituer avec leur superflu *(perísseuma)* une collecte mondiale en faveur de l'église-mère de Jérusalem [8]. »

Il faut toutefois nuancer cette vue générale en tenant compte des allusions répétées à la condition servile et à la coexistence des maîtres et des esclaves dans les communautés (1 Co 7,21-22 ; 12,13 ; Col 3,11 ; 3,22 – 4,1 ; Ga 3,28 ; Ep 4,5-9 ; Tt 2,9-10 ; 1 P 2,18) : la fraternité chrétienne entraînait justement un dépassement de l'ordre juridique courant (cf. Phm 10-18). Mais l'existence des fidèles aisés permettait justement aux réunions de se tenir dans leurs maisons particulières. Celles de Corinthe avaient-elles lieu dans la maison de Stéphanas qui « s'était rangé de lui-même » avec les siens « au service des saints » (1 Co 16,15) ? C'est vraisemblable au temps de la 1re lettre aux Corinthiens, au moins pour une « réunion en Église ». Mais Rm 16,23 montre que Gaïus est l'hôte de Paul « et celui de l'église entière » (quelques témoins du texte portent : « ... de toutes les églises ») [9].

2. Le cas d'Aquilas et de Prisca

A Éphèse, au temps où Paul y écrit sa première lettre aux Corinthiens (1 Co 16,8), on connaît au moins un couple qui offrait l'hospitalité de sa demeure. On le sait par la salutation qui termine la lettre : « Aquilas et Prisca vous saluent bien dans le Seigneur, ainsi que l'église qui se réunit dans leur

---

8. C. Spicq, *Les épîtres pastorales*, p. 423.
9. Il faudrait toutefois calculer le nombre de personnes qui pouvaient s'entasser dans une maison particulière, même si elle était vaste et comportait un « atrium ». Dans l'assemblée de Troas qui se passe au troisième étage (Ac 20,7-11), on ne peut guère supposer davantage que vingt ou trente personnes, empilées les unes sur les autres. Cela donne quelque idée des « églises domestiques » qui furent la règle au temps des origines chrétiennes.

maison (*kat'oîkon autôn* : 16,19b). » C'est à cette église domestique [10] que Paul songe en écrivant : « Tous les frères vous saluent » (16,20a). Il est inutile d'imaginer une situation différente pour « les églises d'Asie » que Paul mentionne juste avant ces lignes (16,19a), sans mentionner aucun nom, puisque les Corinthiens ne connaissent pas les intéressés.

Le mariage étant la règle commune chez ces chrétiens aisés, il est difficile de penser que l'hospitalité ainsi donnée à la communauté locale n'entraînait pas une participation aux soucis apostoliques de Paul, aussi bien de la part de la femme que de celle du mari. Mais il ne faut pas se presser de préciser les tâches auxquelles l'un et l'autre étaient adonnés dans ce domaine. Par bonheur, on retrouve ailleurs la trace d'Aquilas et Prisca. Dans l'épître aux Romains, écrite de Corinthe, on trouve cette salutation : « Saluez Prisca et Aquilas, *mes collaborateurs* en Christ Jésus, qui ont risqué leur tête pour me sauver la vie ; et je ne suis pas seul à leur devoir de la gratitude : il y a aussi toutes les églises des nations. Saluez aussi l'église qui se réunit chez eux » (Rm 16,3-5).

D'après Ac 18,2-3, Aquilas était un Juif originaire du Pont, précédemment établi à Rome avec sa femme Priscille (= Prisca) en qualité de fabricant de tentes, puis réfugié à Corinthe à la suite de l'édit de Claude (49 ou 50) au moment où Paul arriva dans cette ville. Ils avaient ensuite quitté Corinthe en même temps que Paul (Ac 18,18) et s'étaient établis à Éphèse (18,26), où la première lettre aux Corinthiens atteste leur présence en 57. La lettre aux Romains ayant probablement été écrite pendant l'hiver de 57-58, il est douteux qu'Aquilas et Prisca aient eu le temps de retourner à Rome avant sa rédaction. Il est encore plus douteux que Paul ait connu à Rome un aussi grand nombre de fidèles que ceux qu'il énumère dans

---

10. D'après Ac 18,2-3, Aquilas et Priscille étaient des commerçants qui jouissaient d'une certaine aisance. Passés de Rome à Corinthe, puis de Corinthe à Éphèse (Ac 24,26), ils pouvaient avoir une demeure assez vaste pour offrir l'hospitalité à une église (1 Co 16,19b). Mais on rapprocherait volontiers ces églises domestiques des « communautés de base » qui existent actuellement en Amérique latine et en Afrique.

Rm 16,3-15. Enfin ce n'est pas par hasard qu'il mentionne en cet endroit « Épénète, les prémices (= le premier converti) de l'Asie pour le Christ » (Rm 16,5b). Tout porte donc à croire que Rm 16,1-20 est un billet adressé à l'église d'Éphèse, peut-être pour lui communiquer une copie de la lettre aux Romains : très générale dans les problèmes qu'elle traite, elle peut être utile pour une église que Paul a quittée tout récemment. On aurait donc dans Rm 16 le *Who's who* de l'église d'Éphèse, du moins partir du v. 3.

Revenons au couple d'Aquilas et Prisca. Il sera nommé de nouveau à la fin de 2 Tm 4,19, apparemment dans un cadre éphésien, mais sans aucune indication précise sur ses relations avec l'église locale. On remarque seulement que, dans Rm 16, 3 et 2 Tm 4,19, la femme est placée la première : cela n'indique rien sur sa fonction personnelle, mais cela montre au moins la déférence de Paul envers une femme qui sert l'Évangile. Prisca et Aquilas sont appelés par Paul « mes collaborateurs en Christ Jésus » (Rm 16,3). Cette notation est indépendante de l'hypothèse (très problématique !) qui montre Paul associé à l'affaire commerciale d'Aquilas et Prisca, à Corinthe puis à Éphèse, comme il l'aurait été précédemment à celle de Lydie à Philippes [11]. Il s'agit en effet ici d'une collaboration « en Christ Jésus », c'est-à-dire dans le cadre de l'œuvre apostolique d'évangélisation. Le même titre *(synergós)* est donné ailleurs à Apollôs (1 Co 3,9, cf. 3,5), à Timothée (1 Tm 3,2 ; Rm 16,21 ; cf. 2 Co 1,24), à Tite (2 Co 8,23), à Épaphrodite, l'envoyé des Philippiens (Ph 2,25), à Clément et d'autres qui ont assisté Paul dans sa lutte pour l'Évangile en même temps que deux femmes spécialement nommées (Ph 4,2-3), à Aristarque, Marc et Justus (Col 4,10-11), à Épaphras, Marc, Aristarque, Démas et Luc (Phm 23-24 : Démas et Luc sont aussi nommés dans Col 4,12-13), enfin à Urbain qui est aussi un Éphésien (Rm 16,9). Le titre de *synergós* fait allusion, selon toute vraisemblance, à une collaboration d'ordre

11. J. Fleury, dans *Mélanges Ph. Meylan*, Lausanne, 1963, p. 11-58 ; voir le résumé donné par C. Spicq, *Les épîtres pastorales*, p. 423, note 4.

ministériel à laquelle Prisca et Aquilas ont participé tous les deux. Cela ne suffit pas pour dire en quoi consistait cette collaboration, et encore moins pour dire dans quelle situation se trouvaient Prisca et Aquilas en prenant part au labeur apostolique de Paul. Puisqu'une église se réunit dans leur maison (1 Co 16,19 ; Rm 16,5), on entrevoit tout de même une responsabilité à l'égard de l'église en question.

Un recoupement occasionnel fourni par le livre des Actes montre Priscille et Aquilas fréquentant la synagogue d'Éphèse et prenant à part Apollôs qu'ils avaient entendu prêcher avec ferveur sur le Christ, afin de « lui exposer plus exactement la Voie » (Ac 18,26) : c'est là un ministère d'*enseignement*, présenté en dehors de l'assemblée chrétienne, mais assumé à la fois par les deux époux. Il est tout naturel de songer à la même chose, quand on voit Paul les appeler « mes *collaborateurs* en Christ Jésus » : l'enseignement, même sous cette forme qui n'est pas celle de l'assemblée en église, est une coopération à l'œuvre de l'Évangile. Elle ne contredirait même pas la réserve de 1 Co 14,33b-35 sur la participation des femmes à l'instruction des fidèles dans l'assemblée elle-même, si ce passage était authentiquement paulinien. On ne peut rien dire de plus sans sortir des limites du texte. Pour ce qui est de l'ordre intérieur de l'assemblée, le principe posé dans 1 Co 11,3 (« le chef de tout homme, c'est le Christ ; le chef de la femme, c'est l'homme ; et le chef du Christ, c'est Dieu ») suffit sans doute pour qu'on n'imagine pas une assemblée présidée par une femme, même si elle est associée à son mari dans le souci de l'évangélisation et la responsabilité de l'église locale, comme Prisca (= Priscille) l'est à Aquilas.

Cela indique probablement qu'il ne faut pas chercher trop longtemps, quand on se demande qui présidait (*proïstaménos* : 1 Th 5,12 ; cf. Rm 12,8) la réunion de l'assemblée (*synerkoménōn hymôn epì tò autó* : 1 Co 11,20), quand l'église locale se retrouvait chez Aquila et Prisca. L'assemblée étant une « réunion en église » (*synerkoménōn hymôn en ekklēsía*[i] : 1 Co 11,18), sa structure se calquait sur celle de l'*église* elle-même. L'homme étant « le chef de la femme », Prisca laissait évidemment la place à Aquilas pour la fonction de présidence. Cela ne retirait rien à sa collaboration ministérielle, mais cela respectait un certain ordre des choses que Paul rattachait à la nouvelle création dans le Christ (1 Co 11,3), bien que le dessein fondamental de la création «originelle» y reparût (1 Co 11,7-9, avec rappel de Gn 1,26-27 et 2,21-23). Une telle pratique ne contredisait ni le principe de l'interdépendance des deux sexes (1 Co 11,11-12), ni celui de l'égalité de l'homme et de la femme (= « mâle et femelle ») dans le Christ (Ga 3,28). Elle en modulait seulement l'application en fonction d'un autre principe qui supposait une réflexion sur le rôle propre de l'homme-Jésus, réflexion que la lettre aux Éphésiens devait mener à son achèvement (Ep 5,23).

III. LES DONNÉES SOUS-JACENTES À ROMAINS 16

1. Le cas particulier de Phoébē

Les autres noms mentionnés dans Rm 16 mériteraient aussi de retenir l'attention. Le premier d'entre eux exige un traitement spécial : c'est celui de Phoébē, qui est qualifiée de « *diákonos* de l'église de Cenkhrées » : « Accueillez-la dans le Seigneur d'une manière digne des saints, et assistez-la *(parastête)* en toute affaire où elle aurait besoin de vous, car elle a été une protectrice *(prostátis)* pour beaucoup et pour moi-même » (16,1-2). Le contexte interdit d'interpréter le mot *prostátis* en faisant appel à son étymologie (*proḯstēmi* : « mettre à la tête de... »), comme s'il faisait allusion ici à une fonction de « présidence » ou de direction (cf. l'emploi du participe *proïstaménos*, en 1 Th 5,12 et Rm 12,8). Cela pourrait se comprendre à la rigueur « pour beaucoup » ; mais cela n'aurait pas de sens à l'égard de l'apôtre Paul lui-même. Toutefois, l'aide ou l'assistance dont il s'agit est à interpréter comme un service *(diakonía)* qui est en rapport avec des tâches utiles

93

à la vie en Église. Il s'agit probablement d'une assistance efficace en vue de celle-ci.

Phoébē semble avoir une fonction officielle qui invite à la « recevoir d'une façon digne des saints ». Si l'hypothèse d'un envoi de la lettre aux Romains à la communauté d'Éphèse est retenue, on peut supposer qu'elle en est la porteuse en raison de son voyage à Éphèse, car les courriers ne sont pas si faciles à transmettre. C'est probablement sa responsabilité propre dans l'église locale de Cenkhrées, port de Corinthe en direction de la mer Égée, qui permet de la qualifier de *diákonos*. Est-ce un nom de fonction officielle ? On sait qu'à côté de son emploi au masculin, le mot était employé au féminin depuis l'époque classique (Aristophane, *L'assemblée des femmes*, v. 1116, dans la bouche d'une servante) ; on le retrouve au féminin dans Rm 13,4, pour désigner l'autorité civile qui est « ministre » de Dieu pour conduire les hommes au bien et pour faire justice. Il n'y a donc pas lieu de spéculer sur l'adaptation nouvelle d'un terme « ministériel » à une femme, comme s'il s'agissait d'une innovation grammaticale spécifiquement chrétienne. Ce qui est nouveau, c'est que *toutes les tâches d'Église* sont définies en termes de service. Il suffit donc ici de comprendre que Phoébē remplit, dans l'église locale de Cenkhrées, un service dont la nature n'est pas précisée.

Une fois de plus, toute spéculation est interdite, car l'association aux tâches ministérielles peut englober beaucoup de tâches pratiques, y compris les tâches d'enseignement en dehors des assemblées proprement dites, si on se rappelle ce qui a été dit à propos de Prisca. Il serait anachronique de parler de « diaconesse », au sens que ce mot revêtira plus tard[12]. La recommandation « d'aider Phoébē notre sœur en

---

12. Le mot *diakónissa* est une fabrication chrétienne. Sa première mention se trouve dans le Canon 19 du Concile de Nicée, à propos de la réconciliation des diaconesses qui viennent de la secte de Paul de Samosate. Dans son *Panarion*, publié en 376, Épiphane précise qu'elles n'exercent pas de ministère presbytéral, mais assistent le prêtre pour le baptême des femmes (LXXVI,iii,6). Mais on n'en est pas encore là au temps de saint Paul. Pour

toute chose où elle aurait besoin » des Éphésiens, ne doit pas faire allusion à des affaires d'église : on doit se rappeler que l'entraide était une manifestation normale de l'esprit fraternel entre chrétiens. Cela écarte l'hypothèse d'une femme qui consacrerait tout son temps à la prière et au service, comme feront plus tard les veuves citées dans la première lettre à Timothée (1 Tm 5,5.10). Mais on peut être au point de départ d'une institution future qui aboutira aux femmes-diacres mentionnées dans 1 Tm 3,11. Phoébē ne semble pas être dans une situation qui lui permette d'accorder l'hospitalité à l'église locale : le mot *prostátis* ne le laisse pas supposer. Mais c'est au moins une femme d'un certain rang social, qui paraît se rendre à Éphèse pour affaires personnelles. (Ceux qui refusent l'hypothèse d'une recension éphésienne de l'épître aux Romains et qui voient Phoébē partir pour Rome, ont d'autant plus de raison de hausser ce rang social.) Il n'est pas question, en tout cas, d'une présidence de la communauté, ce qui exclut *ipso facto* celle des assemblées en Église.

2. Les ministères dans l'église d'Éphèse

L'énumération des fidèles salués à Éphèse et bien connus de Paul (Rm 16,5b-15) contient plusieurs noms de femmes, parfois associées à leurs maris. S'il est un passage qui contredit la légende de la misogynie de Paul, c'est bien celui-là. En examinant les expressions employées dans le texte, il faut relever celles qui évoquent un service de l'Évangile dans une église locale. Il n'est pas sûr que le « cher Épénète » soit qualifié de « prémices de l'Asie pour le Christ » (v. 5b) en raison d'un rôle particulier dans la communauté : *aparchē* (comme en 1 Co 16,15) désigne le premier converti d'Éphèse, mais rien n'indique qu'il remplisse une fonction analogue à celle de Stéphanas à Corinthe. Par contre, Mariam « s'est

---

les emplois de ce mot, voir G.W.H. Lampe, *A Patristic Greek Lexicon*, Oxford, 1961, p. 352a.

beaucoup fatiguée pour » les fidèles (v. 6). Les mots *kópos/ kopiá-ō*, qui peuvent désigner la peine prise dans le travail manuel (1 Co 4,12) et dans l'effort de la vie de foi (1 Th 1,3), se réfèrent le plus souvent au labeur propre de l'apôtre (Ph 2,16 ; 1 Co 15,10.58 ; 2 Co 6,5 ; 10,15 ; 11,23.27 ; Ga 4,11 ; 6,17 ; 1 Th 2,9 ; 3,5 ; 2 Th 3,8 ; Col 1,29 ; 1 Tm 4,10) et à celui des autres ouvriers de l'Évangile (1 Th 5,12 ; 1 Co 3,8 ; cf. 1 Tm 5,17). Il est donc probable que, dans Rm 16, les trois emplois du verbe *kopiá-ō* se rapportent à une activité du même ordre, dont la nature n'est toutefois pas précisée : Mariam « s'est beaucoup fatiguée pour vous » (v. 6) ; Tryphène et Tryphose « se fatiguent dans le Seigneur » (v. 12a) et « la chère Persis » s'est également « beaucoup fatiguée dans le Seigneur » (v. 12b). Toutes les quatre sont des femmes. Leurs engagements au service des fidèles et du Seigneur se situent dans le passé pour Tryphène et Tryphose, il dure encore pour les deux autres. S'agit-il de tâches pratiques, analogues aux services que rempliront les veuves mentionnées dans 1 Tm 5,10 et les femmes âgées de Tt 2,4, ou d'efforts d'évangélisation comme celui de Prisca (= Priscille) associée à Aquilas d'après Ac 18,26 ? Il est impossible d'en décider, mais il n'y a pas de raison pour que les femmes soient uniquement reléguées dans ses tâches d'assistance (*antílēmpsis* : 1 Co 12,28), si honorables qu'elles soient. Toutefois l'ordre de prééminence indiqué dans 1 Co 11,3 ne laisse guère envisager des tâches de direction ou de gouvernement (*kubérnēsis* : 1 Co 12,28). Entre les deux, il y a place pour toutes sortes d'activités, notamment le zèle pour la propagation de l'Évangile et l'initiation des chrétiennes aux mœurs évangéliques (cf. Tt 2,4).

Paul mentionne encore Andronique et Junias, ses parents et compagnons de captivité (allusion à la captivité éphésienne : cf. 2 Co 1,8-10). Il les qualifie d'« illustres parmi les apôtres » et dit qu'ils « l'ont précédé dans le Christ » (v. 7). Le nom d'*apôtre* s'entend ici au sens large. Les anciens commentateurs ont vu dans ces chrétiens de la première heure un couple marié, en prenant Iounia pour un nom féminin (lat. Iunia) ;

mais il est plus probable qu'il s'agit de deux hommes (Iouniâs = forme brève du lat. Iunianus). Dans la série qui suit, Paul distingue les fidèles qui lui sont chers *(agapētós)* dans le Christ (vv. 8,9 ; cf. 5 et 12, déjà mentionnés), ceux qui ont fait leurs preuves *(dókimon* : v. 10), ceux qui sont « élus dans le Seigneur » (v. 13), tous englobés parmi les frères et les saints (vv. 14-15), et ceux qui sont ses collaborateurs *(synergós* : v. 9), allusion claire à l'exercice d'un ministère qui n'est malheureusement pas précisé pour Urbain, mais qui rejoint celui du couple Aquilas-Prisca (v. 3) et celui de Timothée (v. 21) pour effectuer un service dans l'église locale.

Les autres femmes mentionnées sont de simples chrétiennes, mais leur situation de mères de famille ou de femmes d'intérieur peut leur donner une influence notable sur toute leur maisonnée : « Saluez Rufus, cet élu dans le Seigneur, ainsi que sa mère qui est aussi la mienne » (v. 13). Un mauvais plaisant a prétendu un jour que Paul avait un complexe de misogynie, puisqu'il ne parlait jamais de sa mère... Mis à part pour l'Évangile « dès le sein de sa mère » (Ga 1,15), il l'a sûrement perdue entre-temps, puisqu'en 57-58 il approche de la soixantaine : dans Phm 9, il se qualifiera de « vieillard », titre qu'on donne aux hommes à partir de soixante ans. A Éphèse, il semble avoir reporté une vive affection sur une vieille femme qui est la mère de Rufus : serait-ce l'épouse de Simon de Cyrène, le père d'Alexandre et de Rufus d'après Mc 15,21 ? Il est impossible d'en décider. Philologue et Junie (v. 15a) sont évidemment deux époux. Nérée et sa sœur (v. 15b) seraient-ils leurs enfants ? Olympas (un homme) semble être un de leurs familiers : affranchi ? esclave ? domestique ? on ne peut trancher. « Tous les saints qui sont avec eux » (v. 15c) représentent apparemment un groupe rassemblé dans la même maison, convertie en bloc.

La lecture de cette page ne permet évidemment pas de mettre les hommes et les femmes sur le même plan au point de vue de l'exercice des ministères, là même où il semble être question de ministères féminins au sens général de « services d'Église ». Mais elle montre en cas le principe posé ailleurs :

« Il n'y a plus d'homme et de femme, car tous sont un dans le Christ Jésus » (Ga 3,28). Naturellement, les réunions en Église se font suivant le principe de l'hospitalité, et cela vaut sans doute pour toutes les églises d'Asie comme pour celle(s) d'Éphèse (1 Co 16,19). Mais toutes les maisons chrétiennes sont aussi des foyers de rayonnement. Le service de la Parole y présente ainsi bien des formes, indépendamment de la prophétie, de la prière publique et dirigée, de l'instruction donnée dans les assemblées. Tout cela peut être dit « ministériel » d'une certaine façon, en tant que service d'Église, même s'il ne s'agit pas de fonctions déterminées avec précision, de « ministères » institutionnels. Quant au problème des classes sociales (hommes libres, affranchis, esclaves), il ne fait ici l'objet d'aucune allusion : n'est-ce pas l'indice d'un dépassement de ce cloisonnement entre les gens, non au plan des conditions juridiques impossibles à changer, mais à celui des comportements pratiques à l'intérieur des maisons et de la communauté entière ? Le baiser mutuel entre tous les fidèles (Rm 16,16 ; cf. 1 Th 5,26 ; 1 Co 16,20 ; 2 Co 13,12, 1 P 5,14) le suppose clairement. La condition féminine n'est pas seule en cause dans cet essor d'une « humanité nouvelle ». On n'oubliera pas que, d'après 1 Th 5,27, les lettres de Paul sont lues au cours des assemblées liturgiques. D'après Col 4,16, elles doivent même être communiquées d'une église locale à l'autre. La finale de Rm 16 sera donc lue devant tout le monde : toutes les salutations de gens connus de l'apôtre seront donc faites publiquement.

IV. LES DONNÉES DE L'ÉPÎTRE AUX PHILIPPIENS

Les données des autres épîtres sont plus sporadiques et plus minces. Mais l'épître aux Philippiens en fournit encore qui ne sont pas sans intérêt.

1. Les ministères nommés explicitement

L'épître n'est pas d'une seule venue. Elle paraît rassembler trois billets ou lettres, pour lesquel(le)s nous admettons la division suivante : 1,1-2 + 4,10-20 ; 1,3 – 3,1a + 4,4-9 ; 3,1b-4,1. L'adresse (1,1-2) et la salutation finale (4,21-23) peuvent appartenir à l'un quelconque de ces trois morceaux. Le moment de l'expédition est celui d'une captivité éphésienne, entre 1 Co 15,30-32 et 2 Co 1,8-10 (cf. Ph 4,11-14 ; 1,12-14.20-26). Le premier billet a été envoyé aussitôt après la réception des subsides apportés par Épaphrodite (4,18). Le second a été apporté à Philippes par Épaphrodite lui-même (2,25-30), en attendant une prochaine mission de Timothée (2,19). Il est vraisemblable que le dernier a été apporté par Timothée au cours de cette mission dont on a un premier écho, à l'état de simple projet, dans 1 Co 16,10-11, et un second écho possible dans les diatribes de la deuxième lettre aux Corinthiens (cf. 2 Co 1,19, où Paul défend Timothée aussi bien que lui-même). Cela explique la parenté de 2 Co 10,1 – 13,10 et de Ph 3,1b – 4,3 : la lutte contre les opposants judéo-chrétiens y est tout à fait parallèle, quoique plus assourdie dans la lettre envoyée à Philippes, puisqu'il s'agit d'une simple mise en garde [13]. Il y a évidemment dans cette reconstruction une part d'hypothèse difficile à vérifier.

Quoi qu'il en soit, le dernier billet se termine par des recommandations adressées à plusieurs chrétiens ou chrétiennes de Philippes. Clément et les autres collaborateurs *(synergói)* de Paul (4,3b) semblent bien avoir une responsabilité ministérielle dans l'église locale depuis l'époque où Paul y a passé, puisqu'ils ont « travaillé » avec lui. Mais on sait qu'au temps où fut écrite cette correspondance, les « saints dans le Christ Jésus qui (étaient) à Philippes » (1,1a) avaient parmi eux « des surveillants *(épiskopoï)* et des ministres *(diakonoï)* » (1,1b).

---

13. On note aussi la parenté de cette mise en garde avec celle qu'on trouve, sous une forme beaucoup plus violente, dans l'épître aux Galates, envoyée probablement de Macédoine après le départ d'Éphèse. Mais ce point est étranger à l'enquête présente.

Ceux-ci ne sont pas encore des épiscopes et des diacres au sens où l'entendront les épîtres pastorales. Les « ministres » englobent probablement tous ceux qui remplissent les tâches d'un « ministère » pratique ; les surveillants « veillent » *(epis-kopé-ô)* sur la communauté à un point de vue qui n'est pas précisé [14] (cf. Ac 20,28 ; 1 P 5,2). On peut présumer de part et d'autre qu'il s'agit de tâches pastorales, au sens général du mot. Malheureusement, la situation des personnages mentionnés par leur nom en 4,2-3 n'est pas précisée à cet égard. Il n'y a pas lieu d'imaginer que le *Sýzygos* de Ph 4,3*a* désignerait Lydie, la marchande de pourpre de Philippes, associée à Paul en affaires comme pour le travail dans la communauté (cf. Ac 28,30) [15]. On a prétendu que cela expliquerait le choix du titre de *sýzygos* au lieu de *synergós*, mais le mot est accompagné de l'adjectif *gnḗsios* au masculin. En fait, Syzygos est un nom propre qui se prête aisément à un jeu de mots. Sa mise en avant et la commission qui lui est confiée montre peut-être qu'il est en fonction de « président », entouré par les collaborateurs cités ensuite (Clément et les autres) : n'est-ce pas là le groupe des épiscopes et des ministres ?

2. Le cas de deux femmes

Il reste le cas de deux femmes, Évodie et Syntykhè, auprès desquelles Syzygos doit remplir une mission délicate pour les aider à écouter l'exhortation de Paul. Le fait qu'elles « ont

---

14. Le mot *epískopos* désigne divers emplois séculiers depuis Aristophane (tuteur, inspecteur, etc.). Il n'y a pas de raison d'y voir ici un service de surveillance sur les finances de la communauté. Depuis les découvertes de Qumrân, on a tenté d'expliquer l'origine du mot par un rapprochement avec le *mᵉbaqqer* connu dans cette communauté, mais les emplois de la Septante (10 sur 12) orienteraient plutôt vers un dérivé de la racine *pāqad*. Mieux vaut songer à un emprunt grec dont la portée exacte ne peut pas être précisée pour l'instant. La reprise du mot dans les épîtres pastorales le rapprocheront de son emploi futur.

15. Voir la discussion de la question dans C. Spicq, *Les épîtres pastorales*, p. 424, note 4.

lutté avec moi *(synélthēsan moi)* en vue de l'Évangile »,
comme dit Paul, montre leur participation active à l'œuvre de
l'apôtre. Mais on ne peut pas tirer de cette expression des
conséquences très précises au sujet des ministères. En effet,
tous les fidèles sont invités à « tenir *(stékhete)* dans un même
esprit, luttant *(synathloûntes)* d'une seule et même âme pour
la foi de l'Évangile » (Ph 1,27).

La comparaison des luttes athlétiques a un caractère trop général pour
qu'on puisse l'appliquer spécialement aux activités ministérielles (cf.
2 Tm 2,5, avec *athlé-ô* ; 1 Co 9,25, avec *agōnízomaï*), bien qu'avec
les mots *agōn* et *agōnízomaï*, elle renvoie volontiers aux combats de
l'apôtre pour la cause de l'Évangile : avec *agōn* : 1 Th 2,2 ; Col 2,1 ;
1 Tm 6,12 ; 2 Tm 4,7 ; avec *agônizomaï* : Col 1,29 ; 4,12 ; 1 Tm 4,10 ;
6,12 ; 2 Tm 4,7 ; mais Ph 1,30 montre l'apôtre et tous les fidèles menant
le même combat.

C'est peut-être l'association de ces deux « lutteuses » avec
« Clément et les autres collaborateurs (de Paul) » (v. 3b) qui
constitue l'argument le plus fort en faveur de leur participation à une tâche d'évangélisation, normalement poursuivie sur
place par Syzygos, Clément et les autres. Le désaccord entre
Évodie et Syntychè nuit évidemment à cette continuation de
l'œuvre entreprise. C'est pourquoi Syzygos doit s'entremettre
pour apaiser leur conflit. Mais il est impossible de préciser
en quoi consiste l'activité propre des deux femmes. Comme
la lettre aux Philippiens est écrite d'Éphèse, un an peut-être
avant la lettre aux Romains, on peut présumer que les conclusions tirées à propos de Rm 16 (passage adressé à l'église
d'Éphèse) nous donnent l'image la plus plausible de la situation dans l'église de Philippes, même si le titre d'*epískopos*
n'est attesté que pour celle-ci. Celui de *diákonos* a des parallèles dans 1 Co 16,15 avec le substantif correspondant ; dans
Rm 12,7 qui décrit probablement la situation de l'église de
Corinthe plutôt que celle de l'église de Rome, et dans Rm 16,1
qui se rapporte à l'église de Cenkhrée et concerne une femme.
On voit que la conclusion à tirer demeure floue. La « présidence » du groupe des ministres (pour reprendre le titre mentionné dans 1 Th 5,12) revient en tout état de cause à Syzygos,

puisque c'est lui qui doit « venir en aide » *(syllambánō)* aux deux femmes apparemment associées au groupe.

V. L'ÉGLISE DE COLOSSES

La finale de l'épître aux Colossiens (Col 4,10-17) mentionne aussi un certain nombre de noms. Certains critiques mettent en question l'authenticité paulinienne directe de ce texte ; mais son lien étroit avec le billet à Philémon doit être pris en considération pour résoudre ce problème. Or le billet en question n'a aucunement le caractère général qu'on peut faire valoir pour soutenir le caractère pseudépigraphique de l'épître aux Éphésiens, de la seconde lettre aux Thessaloniciens ou des épîtres pastorales : son caractère personnel parle en faveur de son authenticité paulinienne. Dès lors, les parallélismes entre Phm 23-24 et Col 4,10-14, Phm 2*b* et Col 4,17, entraînent l'authenticité de l'épître aux Colossiens [16]. La combinaison des deux sources donne une certaine idée de l'organisation de deux églises de la province d'Asie : celle de Colosses et celle de Laodicée.

A Colosses, l'église se réunit dans la maison de Philémon, chrétien aisé (Phm 2*b*) que Paul appelle son collaborateur *(synergós* : v. 1*b*). On peut présumer que Philémon ne joue pas seulement le rôle d'hôte pour l'assemblée en Église, mais remplit à son égard une certaine charge de responsabilité. La femme de Philémon, « Apphia notre sœur » (v. 2a), semble rester en dehors de ce labeur. Mais la tenue de la maison où l'Église se rassemble la fait participer aux soucis correspondants. Quant à Arkhippe, nommé après Philémon et Apphia (v. 2b), il est vraisemblablement leur fils. Or il a reçu « un ministère *(diakonía)* dans le Seigneur », d'après Col 4,17. C'est pourquoi Paul peut le qualifier de « frère d'armes » *(sys-*

---

16. Sur le problème de l'authenticité, voir la présentation donnée par M. Carrez, dans *Les épîtres apostoliques*, « Introduction critique », vol. 3 (Desclée 1977), p. 162 s. Quant à l'hypothèse d'une imitation appliquée à la lettre à Philémon, elle ne tient littéralement pas debout.

tratiōtēs : Phm v. 2b), épithète attribuée ailleurs à Épaphrodite que les Philippiens ont délégué pour apporter à Paul une aide en argent (Ph 2,25). On peut présumer ici encore l'existence d'un ministère, c'est-à-dire d'un « service » effectué dans l'Église. Tous ces détenteurs de ministères sont des hommes. Il n'est pas étonnant que tous les compagnons de Paul captif soient aussi des hommes, puisque le « travail pour le Royaume/Règne de Dieu » (Col 4,11) en fait les membres d'une mission ambulante : c'est le cas d'Aristarque, de Marc, de Jésus Justus, d'Épaphras, de Luc et Démas (Col 4,10-14 et Phm 23). Ils ont évidemment un ministère stable, mais celui-ci n'est pas lié à une église locale.

Reste le cas des « frères qui sont à Laodicée, de Nymphas et de l'église qui [se réunit] dans sa maison » (Col 4,15a). La tradition manuscrite et celle des versions se partagent entre plusieurs lectures, qui déterminent malheureusement le sexe de Nymphas.

La lecture la plus attestée dans les grands manuscrits (*Sinaiticus*, A, C, P, plusieurs minuscules, deux versions, quelques citations patristiques) est une leçon harmonisante qui met le complément de nom au génitif pluriel : « Saluez les frères qui sont à Laodicée et Nymphas, ainsi que l'église qui se réunit dans leur *(autôn)* maison » (= la maison des frères de Laodicée, et de Nymphas). Avec le complément de nom au singulier, on trouve soit Nymphas au féminin (= Nýmpha/-ē), soit Nymphâs au masculin (= forme brève pour Nymphodōros). La première lecture est celle du *Vaticanus*, de trois minuscules, de la version syriaque harkléenne, de la version syro-palestinienne (Mss.), de la version copte sahidique, d'Origène. La seconde lecture est celle de trois *codices* (D, K, Psi), de minuscules assez nombreux, des lectionnaires byzantins, de la Peshittâ, de la syriaque harkléenne (glose marginale), de la version gothique, de plusieurs Pères grecs. Les versions latine « italique » et arméniennes ne permettent pas de trancher le cas.

Il est donc pratiquement impossible, dans l'état actuel de la documentation, de dire si l'hospitalité est offerte à l'assemblée chrétienne de Laodicée par un homme ou par une femme. Il est encore plus impossible de dire qui exerce un ministère, et quel genre de ministère, dans cette communauté locale. L'hospitalité dépend essentiellement des possibilités pratiques offertes par la maison d'un chrétien ou d'une chrétienne de la classe aisée. Elle n'entraîne par elle-même ni l'exercice de la présidence dans les réunions, ni une fonction ministérielle au service de la Parole de Dieu, bien qu'on ait pu le présumer précédemment dans le cas d'Aquilas et Prisca (en raison d'Ac 18,26, pour le service de la Parole) et dans celui de Philémon (en raison de son titre de « collaborateur » de Paul). Mais on verra dans les Actes des apôtres que certains cas d'hospitalité n'entraînent aucunement cette conséquence, notamment quand l'hospitalité est offerte par des femmes. Le cas de Nymphas, qu'il s'agisse d'un homme ou d'une femme, doit donc être réservé. Les propositions faites par les critiques à son sujet dépendent des raisons générales qui leur font préférer telle ou telle représentation du ministère à l'époque de saint Paul.

VI. LES DONNÉES DES ÉPÎTRES PASTORALES

1. Les ministères « institués »

Comme on l'a vu plus haut, les épîtres pastorales se rapportent à une époque plus tardive de la vie de l'Église apostolique. Par rapport aux épîtres qui proviennent directement de Paul, l'évolution des structures ministérielles et de leurs dénominations est très notable. Une certaine stabilisation s'est opérée, mais aussi une fusion entre la tradition paulinienne et celle des communautés judéo-chrétiennes. La position prise à propos de la tenue des femmes dans les assemblées en Église montre une influence notable de la discipline en usage dans les assemblées synagogales (cf. 1 Tm 2,11-14, examiné plus haut) [17]. Que devient, dans ces conditions, la question du rôle départi aux femmes ?

Notons en premier lieu que la « présidence » (cf. 1 Th 5,12) est assurée par des ministres qui portent le nom d'anciens

---

17. Cf. *supra*, p. 86 s.

(*presbýteroi* : 1 Tm 5,17). Certains « peinent à la parole et à l'enseignement » *(ibid.)*. Des règles sont posées pour leur recrutement et leur déposition (1 Tm 5,19-22 ; Tt 1,5-6), et on note avec intérêt le souci qui s'attache à leur situation familiale (Tt 1,6). La mise en garde contre les faux docteurs (1 Tm 4,1-10 ; 6,1-5 ; Tt 1,10-16 ; 2 Tm 2, 14-18 ; 3,1-9 ; 4,3-4) ne laisse aucunement entrevoir une activité d'enseignement exercée par des femmes. Si des prophètes sont intervenus au moment où fut déterminée la vocation de Timothée (1 Tm 1,18 ; 4,14), il n'y en a apparemment plus dans les églises locales, alors que la première lettre aux Corinthiens montrait une activité prophétique intense dans les assemblées [18]. L'Apocalypse johannique, pareillement attentive à la parole prophétique dans les églises, connaît encore une prophétesse à laquelle est donné le nom de Jézabel en raison de son caractère mensonger (Ap 2,20). Mais on n'aperçoit rien de tel dans les églises visées par les épîtres pastorales.

Par contre, trois détails attirent l'attention. Tout d'abord, celui qui a la charge d'épiscope est « mari d'une seule femme » (1 Tm 3,2) comme doivent l'être tous les presbytres (Tt 1,6) et tous les diacres (1 Tm 3,12), et comme les veuves doivent avoir été les épouses d'un seul mari (1 Tm 5,9) [19]. Il est présenté comme un homme « hospitalier » (*philóxenos* : 1 Tm 5,2 ; Tt 1,8). Il est vrai que l'hospitalité est aussi attendue des femmes qui veulent entrer dans le groupe des veuves (1 Tm 5,10) et en général de tous les fidèles qui manifestent pas là leur solidarité fraternelle (1 P 4,9 ; cf. Rm 12,13 ; 3 Jn 5 ; He 13,2) [20]. Mais il faut aussi se rappeler que les assemblées en église se faisaient, au temps de saint Paul, dans des maisons privées dont les propriétaires les accueillaient à

---

18. Pour la vocation de Timothée, il s'agit de prophètes permanents. Mais on sait qu'à Corinthe le prophétisme est attesté de deux façons : soit comme prise de parole spontanée par tout fidèle, homme ou femme, soit comme fonction permanente à côté des apôtres et des docteurs (1 Co 12,28).

19. Sur cette question, C. Spicq a rassemblé toute la documentation désirable (*Les épîtres pastorales*, p. 430 s.).

20. Voir encore le commentaire de C. Spicq, p. 432 s.

titre d'hôtes (Rm 13,23). On peut se demander si ce type d'hospitalité n'est pas spécialement attendu de l'épiscope, puisqu'il touche à la fois de près au bon gouvernement de sa maison et à celui de l'église de Dieu (1 Tm 3,4-5)[21]. Il est vrai que les diacres doivent, eux aussi, bien gouverner leurs enfants et leur propre maison (1 Tm 3,12) ; mais on ne précise pas pour eux la nécessité de l'hospitalité. Si cette vue est exacte, la femme de l'épiscope doit jouer un rôle important dans la mise en acte de la règle prévue : elle en est responsable pour une large part, bien qu'on ne puisse pas parler à ce sujet d'un ministère au sens strict du mot.

2. L'ordre des veuves

En second lieu, la présentation des veuves, qui « s'en remettent à Dieu et persévèrent nuit et jour dans les demandes et les prières » (1 Tm 5,5), inclut des services pratiques qui sont des formes d'assistance (*eparké-ô* : 5,10) et qu'on pourrait ranger parmi les ministères au sens large. Enfin il est précisé que les femmes âgées doivent être « de bon conseil, afin de former les jeunes à aimer leurs maris, à aimer leurs enfants, à être modestes, chastes, femmes d'intérieur, bonnes, soumises à leurs maris, pour que le nom de Dieu ne soit pas blasphémé » (Tt 2,3-5). Il ne s'agit absolument pas d'un ministère « institué », relié à l'assemblée chrétienne. Mais la tâche formatrice accomplie par les femmes plus vieilles à l'égard des jeunes épouses, souvent mariées à l'âge de l'adolescence[22], est un service d'éducation irremplaçable. L'énumération paulinienne des charismes n'aurait peut-être pas omis de le mentionner ; mais dans les épîtres pastorales, l'accent s'est

---

21. Cela ne veut pas dire que l'assemblée est automatiquement présidée par le propriétaire de la maison où elle reçoit l'hospitalité. L'« assemblée en Église » n'est plus une simple réunion familiale. L'hospitalité est un service rendu à l'Église, mais ce n'est pas cela qui donne à l'hôte la charge de « présidence ».

22. C. Spicq, *op. cit.*, p. 620 s.

déplacé. Les « dons de grâce » *(kharísmata)* ne sont mentionnés ici qu'à propos de l'institution ministérielle : Timothée l'a reçu par imposition des mains (1 Tm 4,14 ; 2 Tm 1,6), ce qui permet de l'envisager aussi pour les presbytres établis en charge par l'imposition des mains (1 Tm 5,22).

La distinction entre les ministères institués, toujours charismatiques, et les activités qui mettent en acte les vertus chrétiennes, s'accentue donc notablement à mesure que l'organisation des églises prend une forme plus stable, après la période d'invention que les épîtres de saint Paul nous font voir de plus près. Mais justement, la diaconie est prévue aussi pour les femmes, moyennant les mêmes conditions de probation qui s'imposent pour les hommes (1 Tm 3,10-11). Malheureusement, les activités ministérielles des diacres, hommes et femmes, ne sont précisées (3,8-13) ni dans le cadre général de la vie des églises, ni à plus forte raison dans le cadre restreint des réunions liturgiques (où les femmes ont l'interdiction d'enseigner : 1 Tm 2,11-12). Il faut tenir compte, pour ce dernier cas, des dispositions disciplinaires qui répondent à des nécessités momentanées : c'est sur ce point que les distinctions à faire sont les plus délicates.

VII. LES DONNÉES DES ACTES DES APÔTRES

1. Les converties et les convertis

Luc, dont le livret évangélique est très attentif aux femmes, mentionne ici avec complaisance l'adhésion à l'Évangile de certaines « dames de qualité » (Ac 17,4.12 ; cf. 17,33, où Damaris apparaît à côté de Denys l'aréopagite et semble appartenir au même milieu). Il y a là un contraste, probablement intentionnel, avec les « dames distinguées » auxquelles les Juifs avaient monté la tête à Antioche de Pisidie (Ac 13,50). La place des femmes dans les églises de Thessalonique, de Bérée et d'Athènes est ainsi marquée avec force, conformément aux préoccupations habituelles de Luc.

Il y a quelque chose de plus à Philippes. Lors de la réunion sabbatique à la Proseuque, au bord de la rivière, Paul et ses compagnons s'adressent aux femmes réunies[23]. Une négociante de pourpre originaire de Thyatire, qui « adorait Dieu », les écoute. Dieu ouvre le cœur de Lydie, qui s'attache aux paroles de Paul (Ac 16,13-14). « Après avoir été baptisée ainsi que les siens, elle fit cette prière : Si vous me jugez fidèle au Seigneur, entrez dans ma maison et demeurez-y » (Ac 16-15). Comme la scène se passe dans un milieu juif auquel se rattachent les membres des nations « adorant Dieu », il faut supposer qu'on aura désormais à Philippes deux sortes de réunions : celles qui se déroulent, chaque sabbat, à la Proseuque où Paul et Silas se rendent comme les autres baptisés d'origine juive (cf. 16,13.16), et celles du groupe des chrétiens qui se tiennent dans la maison de Lydie, comme celles de Jérusalem se tenaient autrefois « dans les maisons » particulières (Ac 2,46 ; cf. 5,42) : celle d'Ac 12,12, qui accueille Pierre sortant de prison, se déroule chez la mère de Jean-Marc. L'assemblée chrétienne reçoit ainsi l'hospitalité chez Lydie, où l'on voit effectivement Paul et Silas se rendre après leur passage en prison, pour « revoir les frères et les exhorter » (16,40) avant de quitter la ville.

Les « frères » en question ne sont pas tous des Juifs, puisqu'on voit même le geôlier de Paul croire au Seigneur Jésus et recevoir le baptême (16,33). Il n'est pas précisé que, dans cette assemblée, on « rompt le pain », désignation conventionnelle de la célébration eucharistique chez Luc (Ac 2,42.46 ; 20,7.11 ; 27,35 ; cf. Lc 24,35). Mais il n'est pas douteux que ce geste y soit accompli « en mémoire du Seigneur » (Lc 22,19), évidemment sous la présidence de l'apôtre. Il n'est

---

23. A défaut d'un bâtiment consacré aux réunions synagogales, la communauté juive se réunit en plein air, de préférence auprès d'un cours d'eau en vue des ablutions rituelles. Le mot désigne en grec le « lieu pour la prière ». La bibliographie est donnée par H. Balz, art. « Proseúkhomai-proseukhē », *EWNT*, t. III, 396 s.

pas nécessaire de supposer qu'il soit réservé aux réunions générales des fidèles : lorsque le geôlier de Paul a reçu le baptême avec tous les siens, il fait monter Paul et Silas chez lui, « met la table et exulte avec tous les siens d'avoir cru en Dieu » (16,34). Ce repas de famille a une résonance eucharistique qui n'étonne pas. La présence de l'apôtre suffit pour que la célébration se fasse.

Le même principe d'hospitalité est appliqué à Thessalonique dans la maison de Jason (Ac 17,5b), où Jason est arrêté « avec quelques frères » (17,6), puis à Corinthe dans la maison de Justus, contiguë à la synagogue d'où Paul a été chassé (18,7). Là sont donnés les premiers baptêmes, dont celui de Crispus, le chef de la synagogue (18,8 ; cf. 1 Co 1,14). Mais on sait par la première lettre aux Corinthiens que le baptême de la maison de Stéphanas (1 Co 1,16) entraînera ensuite une modification de la situation : Stéphanas deviendra probablement l'hôte d'une église domestique (1 Co 16,15), en attendant que ses réunions se fassent chez Gaïus pendant la mission suivante de Paul (Rm 16,23 ; sur Gaïus ou Caïus, voir 1 Co 1,14). On peut se représenter de la même manière l'organisation des assemblées en église, partout où des communautés se fondent et s'accroissent. L'hospitalité est offerte par des hommes (comme Jason, Crispus, Stéphanas et Gaïus), des femmes (comme Lydie) ou des ménages (comme Aquilas et Prisca à Éphèse : 1 Co 16,19 ; Rm 16,5 ; cf. Ac 18,26), tout dépend de possibilités pratiques : niveau de vie des hôtes, espace possible pour les réunions, etc. Bien qu'en elle-même cette hospitalité constitue un service d'Église, elle n'entraîne pas nécessairement une responsabilité directe dans la tenue et l'ordre des réunions. Il ne faut donc pas se presser de conclure que, là où l'Église s'assemble, le chef de maison (qui peut être un homme ou une femme) exerce par le fait même un droit de présidence pour le « repas du Seigneur ».

2. L'institution des ministères locaux

Luc ne donne pas d'indications précises sur un point qui, sans doute, allait de soi dans la pratique courante. Il est donc très difficile de suivre à la trace dans l'œuvre de Luc le développement de ce type de ministère, qui entraîne la présidence de l'eucharistie. On constate seulement que Luc montre Paul et Barnabé, à Lystres, Iconium et Antioche de Pisidie, « instituant des Anciens dans chaque église » (Ac 14,23) : le titre donné aux ministres locaux est-il anachronique ? En fait, une influence judéo-chrétienne ne doit pas être écartée à la légère en un temps et dans une région où l'évangélisation se faisait encore en dépendance d'Antioche de Syrie. La structure adoptée exclut toutefois toute responsabilité féminine. On peut en dire autant pour les Anciens d'Éphèse que Paul reçoit à Milet (Ac 20,17-38). Pourtant Luc n'ignore pas que, dès les origines, Marie, mère de Jean-Marc, donnait l'hospitalité à l'assemblée chrétienne de Jérusalem : (dans Ac 12,12.16-17, Pierre délivré de prison arrive chez elle au moment où l'assemblée est réunie) [24]. Par contre, à Joppé, la veuve Tabitha, « riche en bonnes œuvres et en aumônes » (Ac 9,36), n'est pas l'hôtesse de l'église locale, puisque Pierre va loger chez Simon le corroyeur (9,43). Mais on ne peut exclure qu'il y ait eu chez elle des réunions de communauté, comme il y en aura chez le centurion Cornelius (10,48 ; cf. 11,3, avec l'allusion aux « repas »). Pour Luc, apparemment, l'hospitalité offerte à l'Église (Ac 12,12 ; 16,15) et les bonnes œuvres de toutes sortes (Ac 9,36 ; cf. 9,39) sont des « services » caritatifs essentiellement féminins. La participation à l'« exposition exacte de la Voie » (18,26) n'est aucunement exclue, si la femme en est capable.

---

24. En l'absence de Pierre, qui préside cette assemblée pour la « fraction du pain » ? En fait, sous le règne d'Hérode Agrippa, il y a encore à Jérusalem suffisamment d'hommes qui ont été les disciples directs de Jésus. Jacques n'est pas présent (Ac 1217b), mais il est probable que l'organisation du groupe des « anciens » (= presbytres), qui l'entourera en Ac 21,18, a déjà commencé à se mettre en place, à la façon juive.

3. Données indirectes des récits évangéliques

Il faut peut-être relire en fonction de cet arrière-plan quelques pages d'Évangile qui rendent le même son. Durant les tournées de Jésus à travers villes et villages (Lc 8,1), Luc décrit l'entourage de Jésus : les Douze sont avec lui (« être-avec » est une expression technique qui désigne les disciples : Mc 3,14), ainsi que quelques femmes (8,2). Ces femmes suivent donc Jésus en qualité de disciples, ce qui est contraire à la coutume des docteurs juifs. Elles ont un statut social assez élevé, puisqu'elles peuvent assister *(diakoné-ô)* de leurs biens Jésus et les Douze : cette situation explique la possibilité des missions de Jésus au plan de l'organisation économique, même si l'on tient compte de l'hospitalité orientale (Lc 10,5-7). Elle anticipe celle que les Actes décriront à plusieurs reprises, notamment à propos de Marie mère de Jean-Marc, Tabitha et Lydie. Mais elle n'inclut pas un envoi en mission des femmes, non seulement avec les Douze (Lc 9,1), mais même avec les Soixante-douze (Lc 10,1) : la chose serait impensable en milieu juif. Jésus, qui ne craint pourtant pas de braver l'opinion dans son attitude à l'égard de certaines femmes (cf. Lc 7,38-39 ; Jn 7,53 – 8,11), se conforme sur ce point à la coutume du judaïsme.

L'onction de Béthanie n'est pas présentée comme scandaleuse en Mc 14,3-9 ; Mt 26,6-13, ni surtout en Jn 12,1-8 où la femme qui l'exécute est Marie, sœur de Lazare. Ce qui offusque certains convives (Marc), les disciples (Matthieu) ou Judas seul (Jean), c'est le gaspillage du parfum, dont le prix aurait pu servir à des œuvres de bienfaisance comme celles dont on félicitait les femmes, selon Ac 9,36.39. Il y a toutefois, dans cette attitude de Jésus, quelque arrière-pensée qui ne relève pas seulement de la tactique adoptée à l'égard d'un milieu hostile : comment voit-il les rôles respectifs de l'homme et de la femme, dans le Royaume de Dieu dont il annonce la venue et auquel il consacre sa prédication en y associant des disciples ?

La scène, rapportée par Luc seul, où « une femme nommée

Marthe reçoit Jésus dans sa maison » (Lc 10,39), nous paraît toute naturelle. On pourrait se demander toutefois si cette hospitalité, offerte au Maître et à des douze disciples par une femme qui a sans doute été mariée (elle n'est plus une « jeune fille ») mais n'a plus de mari, est si naturelle que cela dans un milieu où la fréquentation des femmes par les hommes était sévèrement réglementée[25]. Jean (11,1-5) nous apprend que Marthe est la sœur de Lazare, qui possède une propriété à Béthanie et apparaît ainsi comme un membre de la classe aisée. Ce fait situe dans la société Marthe et Marie sa sœur (Lc 10,39). Cette dernière doit être jeune puisqu'elle n'est visiblement pas mariée. Elle adopte à l'égard de Jésus une attitude de parfaite disciple (elle « écoute la Parole », v. 39), et Jésus l'en félicite explicitement. Mais on peut se poser ici une question : dans le filigrane du récit, ne discerne-t-on pas un éloge discret de l'hospitalité offerte aux églises par des femmes qui en ont les moyens (Jésus accepte d'être reçu par Marthe), en même temps qu'une discrète invitation à mettre chaque chose à sa place ? Les soucis pratiques de l'hospitalité ne doivent pas faire perdre de vue l'audition de la Parole, qui est « la meilleure part » (v. 42). Cette leçon rejoindrait celle des épîtres pastorales sur les « bonnes œuvres » des femmes (1 Tm 2,10) et des veuves (1 Tm 5,10), et sur la valeur de la prière et de l'oraison auxquelles les vraies veuves consacrent leurs jours et leurs nuits (5,5).

Mais c'est une chose d'être disciple de Jésus, de croire en lui et de l'aimer ; c'en est une autre que d'être son envoyé pour annoncer l'Évangile. Luc, tout en prêtant la plus grande attention au rôle propre des femmes, ne rompt pas sur ce point avec les autres évangélistes. Il sait que la première annonce de la résurrection de Jésus a été faite à des femmes, dépositaires du « kérygme » chrétien avant que les apparitions n'en aient fondé la vérité dans l'esprit des disciples (Lc 24,1-8, qui reprend la donnée de Mc 16,1-8). Mais il ne mentionne

---

25. Voir sur ce point J. Jeremias, *Jérusalem au temps de Jésus*, p. 472-476.

même pas d'apparition du Christ ressuscité aux femmes (ainsi Mt 28,9-10) où à une seule d'entre elles (ainsi Jn 20,11-18). Comme les autres évangélistes, il fait des Douze les seuls bénéficiaires du discours d'envoi en mission (Lc 24,44-49 ; Ac 1,3-11). S'il associe des femmes-disciples et Marie, mère de Jésus, à la prière dans la chambre haute avant la venue de l'Esprit promis (Ac 1,13-14), puis au groupe des cent vingt frères (1,15), il ne les montre pas présentes, le jour de la Pentecôte, dans la maison (Ac 2,1) où sont réunis Pierre et les Onze (2,14). Cette différence correspond à la façon dont il représente ailleurs les fonctions respectives des hommes et des femmes dans l'Église apostolique.

5

Évaluation des données du Nouveau Testament

Il n'est pas question d'évaluer les données du Nouveau Testament en prenant comme base d'appréciation les tendances de notre culture. Il s'agit au contraire de les interpréter correctement en tenant compte du contexte culturel dans lequel l'Évangile a été annoncé et l'Église, fondée, durant la période apostolique et sub-apostolique. Il faut discerner, si possible, ce que la pratique du temps impliquait comme principes doctrinaux, directement rattachés à la révélation, et ce qui avait un caractère de droit positif adapté à des conditions culturelles transitoires. Au cours de l'enquête précédente, certains linéaments de cette enquête critique ont été signalés de façon occasionnelle. Il faut maintenant les reprendre sous une forme synthétique, en les confrontant avec les données anthropologiques précédemment analysées. Deux sortes d'éléments doivent alors entrer en considération. 1) Le statut de la femme dans l'humanité recréée en Jésus Christ implique à la fois son égalité absolue avec l'homme au plan de ce que la théologie scolastique appelait « la nature », et sa différence radicale au plan d'une sexualité qui conditionne nécessairement tout son « agir » : comment ce double fait se répercute-t-il sur le problème des ministères ? 2) Le rapport symbolique que les deux sexes entretiennent avec le mystère du salut réalisé en Jésus Christ est actualisé dans la vie de l'Église : ce rapport sym-

bolique a-t-il quelque chose à voir avec l'exercice des ministères féminins, et si oui, de quel(s) ministère(s) ?

I. CHARISMES ET INSTITUTION

1. La diversité des situations dans l'Église

L'attitude de Jésus envers les femmes, relevée occasionnellement par les évangélistes, a inauguré un comportement pratique dont on retrouve la trace très nette dans l'Église de
l'époque apostolique. Il n'y eut sur ce point aucune révolution
dans les règles sociales couramment adoptées. Mais à l'intérieur des coutumes juives, sans porter préjudice aux règles de
prudence et de respect que celles-ci imposaient aux hommes,
*la place des femmes dans les communautés et dans leurs
assemblées de prière s'est trouvée progressivement modifiée*,
comme si le principe de l'inégalité admis dans la tradition
juive avait été progressivement dépassé. En évangélisant le
monde païen, saint Paul a transporté avec lui cette pratique
novatrice, non sans se heurter aux difficultés qu'elle pouvait
entraîner dans le cadre de la culture grecque (cf. la question
du bon ordre dans les assemblées d'église à Corinthe). C'est
en se plaçant au carrefour des deux civilisations juive et grecque qu'il a fermement posé *le principe de l'égalité* entre les
deux sexes, entre les deux statuts religieux des hommes liés
à une distinction des nationalités (Juifs ou Grecs), entre les
deux classes d'hommes regardées partout comme conformes
à la nature des choses : « Il n'y a plus de Juif ni de Grec, il
n'y a plus d'esclave ni d'homme libre, il n'y a plus d'homme
ni de femme, car vous n'êtes tous qu'un en Christ Jésus »
(Ga 3,28).

Ce principe doit toutefois s'entendre dans une perspective
bien définie. Il concerne la participation commune de tous les
baptisés – Grecs et Juifs, esclaves et hommes libres, hommes
et femmes – à la filiation divine accordée « en Christ Jésus »
et à l'héritage des promesses faites jadis à Abraham et à sa

descendance (Ga 3,26.28). *Il ne concerne pas les structures internes de l'église* en tant qu'« organisation des saints pour l'œuvre du ministère en vue de la construction du Corps du Christ » (Ep 4,12), pour reprendre une expression qui développe certaines données de la théologie paulinienne (1 Co 12,4-27 ; Rm 12,4-17).

2. La grâce et les charismes

Transporter le principe d'un endroit à l'autre sans prendre garde aux modalités de son application, différentes dans les deux cas, ce serait s'installer dans un raisonnement sophistique. En effet, l'égalité des deux sexes dans le Christ Jésus concerne la grâce *(kháris)* qui leur est donnée au même titre en vue de la justification et de la sanctification (cf. Rm 5,15.17, etc.). Mais cette grâce donnée à tous se manifeste pas des « dons de grâce » *(kharísmata)* différents (Rm 12,6). Ceux-ci peuvent être d'ordre strictement personnel, comme par exemple ceux qui concernent le choix d'une vie dans le mariage ou dans le célibat (1 Co 7,7) ; mais ils recouvrent aussi tous les aspects du « bien commun » en vue duquel ils sont distribués (1 Co 12,11).

C'est généralement en fonction de ce problème que saint Paul en traite pour en exposer à la fois la diversité et la complémentarité (1 Co 12,4-27 et Rm 12,4-7). La participation commune à la vie du Corps du Christ est une affaire de grâce *(kháris)* ; la répartition des ministères relève de la diversité des dons de grâce *(kharísmata)*. Cette diversité montre que « la grâce *(kháris)* a été donnée à chacun de nous selon la mesure du don *(dōreâs)* du Christ » (Ep 4,7). C'est pourquoi le Christ a donné (à son Église) « les uns comme apôtres, d'autres comme prophètes, d'autres comme évangélistes, d'autres comme pasteurs et docteurs » (Ep 4,11) : cette « édification du Corps du Christ » implique des différences qu'il faut respecter. On pourrait objecter que ces différences sont justement résorbées dans l'unité du Corps du Christ qu'est l'Église et que, par conséquent, la diversité des dons de grâce doit transcender l'ancienne différenciation des sexes, comme elle transcende celle des nations, des races, des degrés de culture et des conditions sociales : c'est avec raison qu'un certain nombre de manuscrits ont inséré la mention « hommes et femmes » dans la présentation de l'humanité nouvelle où le Christ est tout et en tout (Col 3,11). Mais l'absence de cette mention dans 1 Co 12,13 n'est pas l'effet d'un hasard. En cet endroit où Paul énumère explicitement la diversité des charismes, il lui faut justement régler un problème pratique qui touche à l'exercice de certains dons de grâce auxquels les femmes peuvent aspirer (14,1) comme les hommes (cf. 11,4-5). Mais il ne laisse pas entendre que *tous* ces dons sont effectivement distribués aux femmes comme aux hommes. Ce serait sûrement faux pour les fonctions « structurantes » d'apôtres et de docteurs mentionnées en 12,28. Rien n'indique en effet que les femmes aient jamais enseigné *à ce titre* dans les églises pauliniennes, et la fonction de prophète mentionnée au même endroit a un aspect *institutionnel* qui la distingue de la « prophétie » spontanée jaillissant au sein de l'assemblée chrétienne (11,4-5 ; 12,10 ; 14,1-33).

Tous les dons de grâce particuliers ont une finalité de service. En ce sens-là, on peut superposer les charismes, les services (= « ministères », *diakoníai*) et les activités *(energémata)* où se manifeste l'action de Dieu dans les hommes (cf. 12,4-6). Mais Paul, ayant à traiter de questions pratiques en rapport avec le bon ordre des réunions en église et l'exercice de la prophétie et de la glossolalie (1 Co 14), ne fournit pas un exposé complet sur les structures institutionnelles des églises et leurs rapports avec les dons de l'Esprit. Ce serait un autre sophisme que de considérer sa réflexion sur les charismes comme une base suffisante pour déterminer sa conception de la communauté ecclésiale : la structure *charismatique* des églises pauliniennes se distinguerait alors formellement de la structure *institutionnelle* des églises judéo-chrétiennes [1].

---

1. Cette conception avait été avancée par H. Küng dans *Structures de*

D'autres indices, qu'il n'est pas nécessaire d'analyser ici en détail, montrent qu'il n'en est rien, même s'il est vrai que plusieurs types d'organisation institutionnelle – ou du moins, de *dénominations* ministérielles – ont coexisté pendant plusieurs décennies. Tous les charismes, services et activités ont une finalité de « bien commun » (1 Co 12,8), mais tous n'entrent pas *ipso facto* dans le cadre des services *institutionnels* : ceux qu'on peut appeler les ministères au sens strict. Le sens d'une responsabilité commune doit exister chez tous les fidèles et déterminer leurs comportements dans l'exercice de leurs dons particuliers. Mais cela n'exclut pas l'existence de responsabilités particulières : l'apôtre lui-même les a confiées à certains de ses collaborateurs plus directs et ceux-ci doivent en rendre compte à l'occasion, en demandant les directives nécessaires pour faire face à leurs devoirs. La visite de Stéphanas, Fortunatus et Akhaïkos auprès de Paul, alors en résidence à Éphèse, a bien l'allure d'un « compte rendu de mandat » qui provoque les instructions données par l'apôtre aux fidèles (cf. 1 Co 16,15-18, en rapport probable avec les ch. 7-15). Le problème des ministères féminins doit être envisagé dans cette perspective précise.

II. FONCTIONS « STRUCTURANTES » ET MINISTÈRES INSTITUÉS

1. Les fonctions structurantes

S'il est possible de parler de ministères « institués » pour désigner les fonctions « structurantes » des églises paulinien-

---

l'Église (Desclée de Brouwer, 1963) et dans *L'Église* (même éditeur, 1968, p. 544-610). J'ai protesté contre cette vue des choses : « La structure ministérielle de l'Église d'après saint Paul », *Istina*, 1970, p. 389-424, et « Sur l'origine des ministères dans les églises pauliniennes », *Istina*, 1971, p. 453-469.

nes[2], il ne s'ensuit pas que le rapport entre ces ministères et les diverses activités exercées dans ces églises « en vue du bien commun » soit facile à déterminer. Les énumérations faites par Paul (1 Co 12,8-10.28 ; Rm 12,6-8) adoptent un point de vue pragmatique qui ne facilite pas les classements logiques. La répartition est plus claire dans l'épître aux Éphésiens (Ep 4,7-11), et surtout dans les épîtres pastorales où la structure des communautés locales atteint un certain point d'équilibre. Il vaut mieux sans doute en rester au plan pragmatique qui caractérise les grandes épîtres, pour aborder ensuite la question des ministères féminins.

On entrevoit alors trois catégories de « services » *(diakoníai)*, qui concernent des tâches pratiques effectuées en Église, mais qui ne sont pas nécessairement réparties entre des fidèles différents.

1) Il y a des *services d'entraide* : l'assistance, dont on peut rapprocher les miracles et les dons de guérison (1 Co 12,28 ; cf. 12,9b-10a) ; la distribution de ses biens aux pauvres (1 Co 13,3) ; le don de ses biens et l'exercice de la miséricorde (Rm 12,8). Tout cela est évidemment accessible à tous les fidèles et on ne peut pas parler à ce propos de « ministères ».

2) D'autres services tournent autour de *la Parole de Dieu* : parole de sagesse et parole de science, prophétie, glossolalie et interprétation des langues (1 Co 12,8.10) ; activité des prophètes et des docteurs (1 Co 12,28) ; cantiques, révélations, enseignement, discours en langues, interprétation

---

2. Dans une controverse avec E. Schillebeeckx, j'avais résumé la présentation de ces structures dans les églises pauliniennes : *Église et ministères*, Cerf, 1983, p. 78-82, en soulignant « le rattachement des responsables aux apôtres » pour fonder « l'apostolicité des fonctions ecclésiasles » (p. 82-86). Les exposés de ce livre, qu'il faudrait sans doute compléter, gardent leur pleine actualité dans les controverses actuelles au sujet des ministères féminins. Je ne fais qu'en reprendre le contenu dans une perspective un peu différente, notamment ce qui était dit dans les p. 110-119. Le livre a été complété par une discussion ultérieure avec le même auteur : *Les ministères dans le peuple de Dieu*, Cerf, 1988, p. 23-67 (sous le titre : « Retour vers la tradition apostolique »).

(1 Co 14,26) ; prophétie et prière publique (1 Co 11,4-5) ; prophétie, enseignement, exhortation (Rm 12,7-8). Ces énumérations concernent évidemment des « services » de la communauté, mais faut-il les classer toutes dans les ministères « institués » ?

3) Viennent enfin les services qui touchent directement à *la responsabilité de direction* dans les communautés locales : fonction de « présidence » (1 Th 5,12 et Rm 12,8) ; direction ou gouvernement [3] (1 Co 12,28) ; fonction de responsabilité non précisée, qui exige que les fidèles « se rangent sous » les hommes qui la remplissent (1 Co 16,16) ; service ou ministère de ces hommes (1 Co 16,15), qui peut expliquer le terme employé dans Rm 12,7a *(diakonía)*.

L'apôtre, en tant que tel, regroupe en sa personne et sa fonction l'ensemble de ces services. Mais Dieu lui donne des collaborateurs *(synergoí)* : en distribuant aux fidèles des aptitudes diverses ; en suscitant des initiatives et des propositions (1 Co 16,15, correctement rapproché de 1 Th 5,12-13 ; 1 Co 3,5 ; 4,1-2 ; 2 Co 5,18 ; 6,1.3-4) ; en mettant dans le cœur de certains un empressement général pour répondre aux appels de l'apôtre (2 Co 8,16-19.22-23), où le service à remplir relève des tâches d'assistance. On a là un tableau quelque peu foisonnant des activités *(energémata)*, des ministères *(diakoníai)* et des dons de grâce *(kharísmata)* (1 Co 12,4-6). Mais il n'est désordonné qu'en apparence, car ce n'est pas seulement dans la tenue des assemblées, mais dans toute la vie de l'Église que « Dieu n'est pas un Dieu de désordre, mais de paix » (1 Co 14,33).

Il n'est donc pas étonnant de voir, à une date un peu plus tardive, « l'organisation en vue de l'œuvre du ministère » (Ep 4,12) mettre en avant les services qui ont une responsabilité directe pour l'annonce de la Parole et la direction des églises : « apôtres, prophètes, évangélistes, pasteurs et doc-

---

3. Ce point est discuté dans le même livre, p. 79 et 114 s. P.R. Tragan y a vu une fonction qui correspond « probablement aux offices de la bienfaisance et de leur administration » (voir la référence, p. 114, note 53).

teurs » (Ep 4,11). Encore un peu de temps et, dans une ligne de développement un peu différente, les épîtres pastorales opéreront la jonction entre la titulature attestée par l'épître aux Philippiens (*episkópoi* et *diákonoi*, « ministres » en un sens à préciser) et celle des milieux judéo-chrétiens (*presbýteroi*), exactement « anciens » : Ac 14,23 ; 15,22-23 ; cf. Jc 5,14), en prévoyant la mise en place de « presbytres » (1 Tm 5,17-22, Tt 1,5-6). Parmi ceux-ci, l'un au moins, ou tous à tour de rôle (?), exerce(nt) la charge d'*epískopos*, qui ne correspond pas encore à l'épiscopat plus tardif mais y prélude, en ayant la « sur-veillance » et « le souci de l'Église de Dieu » (1 Tm 3,5 ; cf. 1 Tm 3,1-7 et Tt 1,7-9). Quant aux diacres, dont le nom désignait précédemment tous les ministres pour bien marquer leur fonction de service *(diakonía)*, ils paraissent maintenant affectés aux tâches d'entraide et d'assistance (1 Tm 3,8-13). Cette situation rejoint en partie celle que supposent la *Iª Petri* (1 P 5,1-4) et les Actes des apôtres (Ac 20,17-18). Toutefois, en cet endroit, les presbytres ont en commun une tâche de surveillance : Dieu les a placés comme *episkópous*, pour « paître l'Église de Dieu » (Ac 20,28), tâche pastorale comme dans 1 P 5,2. Quant à l'institution de Sept qui encadrent les hellénistes, elle sert peut-être de modèle à l'organisation de l'assistance. Mais on constate que deux d'entre eux, Étienne et Philippe, annoncent la Parole, et Philippe est finalement qualifié d'« évangéliste » (Ac 21,8 ; cf. Ep 4,11).

Il faudrait sans doute ajouter à ce tableau général une remarque sur la distinction entre *deux genres de ministères* : les uns sont liés à l'activité missionnaire et obligent à parcourir le monde oriental et méditerranéen en allant de ville en ville ; les autres forment les structures des communautés locales. L'apostolat comme tel est missionnaire par définition : d'après Ga 2,7-9, Paul a reçu en charge l'évangélisation des incirconcis, comme Pierre celle des circoncis. En conséquence, Paul et Barnabé vont aux membres des Nations, comme Jacques, Céphas et Jean vont à la Circoncision. Mais certains ministères de la Parole entraînent aussi des déplacements constants. On sait par 1 Co 1,12 ; 3,4-6 et 16,12 qu'Apollôs allait aussi d'une communauté à l'autre, ce qui confirme l'exactitude du renseignement donné dans Ac 18,27-28. Ce « ministre du Christ » et « intendant des mystères de Dieu » travaille à ce titre avec Paul (1 Co 4,1). Est-il englobé avec Paul dans la catégorie des « apôtres » (4,9) ? Peut-être, à condition d'entendre ici ce titre en un sens élargi comme dans Rm 16,7 ou 2 Co 8,23, et non au sens très strict qu'il a dans Ga 1,1 (« Paul, apôtre, non de par les hommes ni par un homme, mais par Jésus Christ ») ou même dans 1 Co 15,7 et Ga 1,19, où la catégorie des apôtres désigne ceux qui ont reçu leur mission du Christ ressuscité lui-même. La présentation de l'activité d'Apollôs, dans la 1re lettre aux Corinthiens comme dans les Actes, le montre bien davantage en situation de docteur *(didáskalos)*, dépositaire d'un « discours de sagesse » (1 Co 12,8) ou d'une « révélation » (cf. 14,26) : Paul paraît se défendre, dans les ch. 1-4, en revendiquant les mêmes possibilités charismatiques (cf. 2,1.6.10). Ainsi, les apôtres, les prophètes et les docteurs (1 Co 12,28) désignent trois catégories de prédicateurs ambulants. La responsabilité des communautés locales s'organise sur une autre base, qu'il n'y a pas à examiner ici en détail.

2. La situation des femmes

Par rapport à cette organisation des ministères, quelle est la situation des femmes ? La participation aux services d'entraide ne pose aucun problème : elle est simplement liée à la manifestation active de la fraternité dans les églises locales. Même lorsqu'il s'agit de l'activité missionnaire qui exige des déplacements constants, les « apôtres » peuvent emmener avec eux une « femme-sœur » qui semble jouer à leur égard un rôle de cette sorte (1 Co 9,5) : il s'agit vraisemblablement de leurs épouses, associées par là même à leur activité et à leurs soucis [4].

---

4. Sur ces « femmes-sœurs », voir les remarques faites dans *Églises et ministères*, p. 166 s.

La participation aux divers ministères de la Parole se laisse entrevoir dans certains textes. En dehors des assemblées, elle est notée par Luc pour le cas de Priscille, femme d'Aquilas (Ac 18,26). On sait par ailleurs que l'église d'Éphèse se réunissait chez Aquilas et Prisca (1 Co 16-19 ; cf. Rm 16,3). On peut donc penser que Prisca avait une activité importante dans le travail d'évangélisation. A l'époque des épîtres pastorales, il y aura des femmes-diacres, adonnées au service d'assistance (1 Tm 3,11). Les veuves agrégées au groupe officiel jouent aussi un rôle d'éducatrices auprès des jeunes épouses, au plan de la foi comme au plan de la vie économique (Tt 1,3-4). Dans les assemblées, 1 Co 11,5 montre que la prière publique et la « prophétie », au sens expliqué plus haut, sont des activités ouvertes aux femmes. Les règles restrictives qui seront énoncées par la suite (1 Co 14,33b-35 ; 1 Tm 2,11-12) ne concerneront pas exactement ce point : elles porteront sur une activité d'enseignement *(didakhế)* qui relèverait de la fonction des docteurs *(didaskalía)*. Mais on a vu que ces règles entraient dans le droit positif[5] qui tâchait d'organiser correctement les assemblées en tenant compte des mœurs, des bienséances, des dangers éventuels, etc. Si ces circonstances changeaient, les règles pourraient changer aussi, en matière d'enseignement comme en matière de « prophétie » et de prière publique.

Le point le moins clair, même dans les ministères remplis par des hommes, est le rapport entre les divers services de la Parole, et le service qu'on peut, pour faire court, appeler « pastoral ». Leur jonction sera réalisée au temps des épîtres pastorales (1 Tm 5,17). Mais il y aura encore des docteurs ambulants contre lesquels se multiplieront les mises en garde (1 Tm 4,2 ; 6,3 ; 2 Tm 3,6-7 ; cf. 2 P 2,1-3) : quelle sera leur situation par rapport aux ministères locaux des communautés ? La lettre aux Éphésiens associe les pasteurs et les docteurs d'une façon assez forte, pour qu'on y voie la description d'un état de fait. Dans les Actes, les Anciens d'Éphèse ont à veiller

---

5. Cf. *supra*, p. 63-65, 85 s.

sur leur troupeau pour le défendre contre les discours pervers des faux docteurs (Ac 20,30) : cela suppose qu'ils « servent la Parole », pour que la tradition de l'apôtre soit conservée ; mais on ne peut en déduire que tout *service de la Parole* suppose, soit à l'époque où écrit Luc, soit plus encore à celle qu'évoque son récit, une fonction *pastorale* dans une communauté déterminée.

Cette observation a des conséquences dans le domaine des « ministères » féminins. La prophétie et la prière publique dont parle 1 Co 11,5 relèvent bien du service de la Parole et de ce qu'on nommerait aujourd'hui l'animation liturgique. Mais on ne peut les regarder comme des ministères « institués », à l'instar des fonctions de « docteur » ou de « président ». Même si on voit occasionnellement des femmes associées à une tâche d'enseignement, comme Priscille à Éphèse d'après Ac 18,26, on ne peut conclure que ce ministère (car c'en est un, cette fois-ci) les associe du même coup aux responsabilités proprement *pastorales*, au sens défini plus haut.

Le cas qui aurait le plus de chance d'apporter sur ce point une indication positive, est celui de Phoébé, *diákonos* de l'église de Cenchrées (Rm 16,1). Cette femme est certainement associée au « service » de la communauté locale, d'une manière qui rappelle l'engagement de Stéphanas et de sa maison à Corinthe (1 Co 16,15, avec l'emploi du mot *diakonía*), la fonction remplie par les *diakónoi* de Philippes (Ph 1,1) et la *diakonía* mentionnée dans Rm 12,7. Mais le *service* en question peut comporter une multitude de tâches différentes, qui vont de l'hospitalité offerte à l'assemblée jusqu'à la responsabilité des réunions cultuelles, en passant par l'instruction des convertis et l'assistance de ceux qui sont dans le besoin. Comment choisir entre ces éventualités pour déterminer la situation exacte de Phoébé à Cenchrées ? Le rapport entre le ministère pastoral et la tenue des assemblées « en église » est lié de trop près à cette question pour qu'on puisse en traiter séparément.

III. LA TENUE DES ASSEMBLÉES

1. Vue générale

Pour éclairer ce point important, il faut rappeler en premier lieu que le mot *ekklēsía* est employé par saint Paul pour désigner « l'église de Dieu qui est à Corinthe » (1 Co 1,2 ; 2 Co 2,1) ou « les églises de Galatie » (Ga 1,2 ; 1 Co 16,1), et l'assemblée qui se réunit en corps constitué (1 Co 11,18.22 ; 14,4-5.12.19.23.28). L'église locale a conscience d'elle-même, non comme réunion de croyants qui s'organisent eux-mêmes pour célébrer ensemble le Christ (« adorer le Christ comme un dieu », écrira Pline le Jeune au sujet des chrétiens de Bithynie), mais comme une assemblée « *convoquée par Dieu* » (le *qāhāl* du Premier Testament[6]) en vue du « culte raisonnable » (Rm 12,1) qui se prolonge jusque dans la vie quotidienne des fidèles (Rm 12,1a). Ce culte a pour temps fort la célébration du « repas du Seigneur » (1 Co 11,20) et tout ce qui se greffe sur elle. La structure de l'assemblée se modèle donc sur celle de la communauté elle-même : puisqu'il y a dans celle-ci des ministères « structurants », ceux qui les exercent en ont aussi la charge dans la tenue des assemblées[7].

Les ministères en question ne sont pas compris comme des dignités et des pouvoirs : ce sont des « services » *(diakóniai).*

---

6. L'origine du mot *ekklēsía* et son sens dans le Nouveau Testament ont été abondamment étudiés. Son emploi pour désigner une assemblée civile n'est pas ignoré du Nouveau Testament (Ac 19,32.39.41). Mais pour désigner l'assemblée chrétienne, il reprend le sens de la Bible grecque où il traduit l'hébreu *qāhāl*, « convocation sacrée » du peuple par Dieu (cf. Ac 7,38 : l'« assemblée du désert »). C'est en ce sens que Jésus peut parler de « mon Église » ; voir mes exposés : « Sur cette pierre je bâtirai mon Église » (Mt 16,18b), *NRT* 109 (1987), p. 641-659, repris en abrégé dans le volume de la *Commission Biblique Pontificale : Unité et diversité dans l'Église,* éd. Vaticane, 1989, p. 183-197.

7. Il est tout à fait impropre d'imaginer que n'importe quel fidèle, parce qu'il a le « sacerdoce universel » des baptisés, peut présider l'assemblée eucharistique. La structure de l'assemblée liturgique reprend nécessairement celle de l'Église elle-même.

Certains fidèles généreux ont pu, de leur propre initiative, se proposer pour les remplir (c'est le sens de 1 Co 16,15). Mais une fois qu'ils ont été confirmés dans cette fonction par l'apôtre fondateur, l'autorité de celui-ci se retrouve en eux : les fidèles sont donc invités à « se ranger sous de tels hommes et sous quiconque travaille et peine avec eux » (1 Co 16,16). Aucun détail n'est donné sur la façon dont Paul avait accueilli la proposition des « prémices » de l'Achaïe (1 Co 16,15), mais il est clair qu'ils ont exercé après son départ une responsabilité approuvée par lui : il ne s'agissait pas d'une organisation « venue de la base ». C'est pourquoi ces hommes rendaient compte à Paul des difficultés rencontrées pour l'organisation des « réunions en Église ».

Un rapprochement entre ce texte et la finale de la première lettre aux Thessaloniciens montre que « ceux qui se donnent de la peine » parmi les fidèles ont une fonction de « présidents » *(proistaménoi)*. Celle-ci n'est pas purement honorifique : il leur revient de « reprendre » *(noutheté-ō)* les fidèles (1 Th 5,12b). Tous les fidèles peuvent le faire entre eux dans un contexte de solidarité fraternelle (Rm 15,14 : Col 3,16 ; 1 Th 5,14 ; 2 Th 3,15), mais cela revient en premier lieu à l'apôtre lui-même (1 Co 4,14 ; Col 1,28 ; cf. Ac 20,31). On comprend que le zèle *(spoudé)* soit une disposition requise de celui qui exerce cette présidence (Rm 12,8). Qu'il s'agisse de la conduite des fidèles dans la vie courante ou de la tenue des assemblées, le service en question doit être compris comme un service de l'unité manifestée dans la diversité des dons de grâce (1 Co 12,12.27), et un service de l'ordre, puisque « Dieu n'est pas un Dieu de désordre mais de paix » (1 Co 14,33). Il n'est pas question d'imaginer cette présidence comme confiée à une personne qui l'exercerait de façon autoritaire et monarchique. La « présidence » est soumise, en effet, à des impératifs qui la dépassent. Elle s'exerce sous le contrôle de l'apôtre-fondateur et de ses envoyés personnels, comme Timothée (1 Co 6,10) et Tite (2 Co 2,13 ; 7,6). Elle a, dans chaque église, une structure collégiale qui se retrouvera encore au temps des épîtres pastorales, lorsque des presbytres l'exerceront (*hoi proestôtes presbytéroi* 1 Tm 5,17).

Rien ne prouve que le ministère de la Parole, sous la forme de l'enseignement *(didachē)*, ait été rempli par tous les présidents des communautés. Les aptitudes à ce ministère sont une chose ; celles qui conviennent à la présidence, en tant que service de l'ordre et de l'unité dans les églises, en sont une autre. Mais rien n'exclut non plus que les mêmes hommes aient pu avoir à la fois les deux charismes et exercer les deux fonctions : la chose est supposée par les épîtres pastorales (1 Tm 5,17).

2. Place des ministères féminins

Tel est l'état de choses dans lequel prennent place certains ministères féminins, mais quelle place exactement ? Les données utilisables sont extrêmement maigres, et on ne doit pas pallier cette carence en construisant des conjectures imaginaires. En fait, on ne trouve nulle part aucune trace précise de participation féminine au ministère de « présidence », selon la terminologie de *1 Th* et Rm 12, de « pastorat » selon la terminologie de *Ép* reprise indirectement par *Ac* et *1 P*, de « presbytérat » selon la terminologie des épîtres pastorales en contact avec *Ac* et *1 P*, de « surveillance » (*épiscopè* : 1 Tm 3,1) selon la terminologie des épîtres pastorales en contact avec Ac 20. Cela n'est pas étonnant dans les épîtres pastorales : les règles venues de la coutume juive y reparaissent avec une force accrue, en un temps où la désignation des ministères pastoraux fusionne les deux titulatures judéo-chrétiennes (« presbytres » ou anciens) et paulinienne (épiscopes et *diákonoi* d'après Ph 1,1 ; fonction de « présidence » d'après 1 Th et Rm 12). Même les textes qui présentent le rôle des femmes de la façon la plus positive les écartent des tâches de direction, mais non de la « diaconie » (1 Tm 3,11).

Le recoupement entre les Actes des apôtres (Ac 18) et les épîtres pauliniennes (1 Co 16 et Rm 16) montre une participation effective de Prisca (= Priscille) à l'évangélisation d'Éphèse aux côtés d'Aquilas, son mari. Mais rien n'est dit sur les réunions communautaires qui se font au domicile des deux époux. L'hospitalité donnée aux assemblées est une chose ; leur structure interne, qui inclut une fonction de présidence, en est une autre. Le rôle de Prisca sur le premier point n'est pas douteux. Mais il n'entraîne pas *ipso facto* la présidence des assemblées où est célébré le « repas du Seigneur ». Était-ce seulement dû au fait que la mentalité commune n'y portait guère, aussi bien en milieu grec qu'en milieu juif ? Était-ce seulement sous l'influence de ce milieu culturel que Paul écrivait aux Corinthiens que « l'homme est le chef *(kephalē)* de la femme » comme « le Christ est le chef de l'homme » (1 Co 11,3) ? Mais le même Paul contredit précisément ce même milieu culturel dans une autre lettre, quand il pose en principe que, dans le Christ, pour les baptisés, il n'y a plus de différence entre les deux sexes (Ga 3,28) ! Le point de vue n'est donc pas celui des appréciations courantes qui donnent à l'homme une supériorité sur la femme. Dans la question des ministères, les motifs d'ordre culturel doivent s'effacer devant le nouvel ordre des choses où la référence au Christ est la seule règle à retenir.

Puisque toute fonction dans l'Église est un service *(diakonía)*, rien n'empêche que les femmes effectuent un service à leur mesure. Un cas précis de ce genre est celui de Phoébé, qui est *diákonos* de l'église locale de Cenchrées (Rm 16,1-2). Le fait qu'elle soit seule nommée parmi les membres de la *diakonía* locale est dû aux circonstances. Comme on l'a vu plus haut, elle se rend à Éphèse, peut-être en y portant la lettre de l'apôtre, et celui-ci tient à la recommander à ses correspondants. Mais on ignore totalement le genre de *diakonía* qu'elle remplit localement. Elle a été une « aide précieuse » *(prostátis)* pour de nombreux chrétiens et pour Paul lui-même (16,2). Cela ne précise en rien sa fonction. Il serait anachronique de lui donner le titre de « diaconesse » [8]. Mais on aurait

---

8. Voir *supra*, p. 94, note 12.

encore moins le droit de la placer en fonction de « présidente » *(proïstaménē)*. Sa fonction de service est vraisemblablement plus humble. On peut conjecturer que c'est une femme libre ; elle a les moyens d'entreprendre un voyage[9] et les destinataires de la lettre sont invités à l'accueillir (16,2). Peut-être sa situation est-elle analogue à celle de Lydie à Philippes, selon le récit des Actes (Ac 16,14-15.20). On comprendrait alors qu'elle ait été pour Paul une *prostátis*, une « aide » appréciée. Mais cela suffit-il pour qu'elle appartienne à un groupe d'*epískopoi* et *diákonoi*, comme celui de Philippes (Ph 1,1) ? Les fonctions de ceux-ci sont très peu précisées. Celle de *diákonos* correspondrait assez bien au cas présent.

Bref, le résultat de l'enquête n'appuie pas l'hypothèse d'un « pastorat » ou d'une « présidence » confiés à des femmes au temps de Paul. Il ne faut pas tourner la difficulté à l'aide de subterfuges. C'en serait un que de transférer dans le domaine des ministères le principe paulinien de l'égalité entre hommes et femmes[10] : il ne concerne pas les structures des communautés chrétiennes, mais la communion de vie entre tous les baptisés (Ga 3,28). C'en serait un autre que de partir des textes relatifs au « sacerdoce royal » qui est commun à tous les bap-

---

9. La situation serait plus étrange encore, si l'hypothèse de la destination éphésienne, pour le billet de Rm 12, était rejetée, et si Phoébé entreprenait à son compte le voyage de Rome : une femme seule, dans une telle traversée par mer ?

10. Dans son *Plaidoyer pour le peuple de Dieu* (Cerf, 198.), le P. Schillebeeckx a abusé de ce texte en le présentant comme un principe de droit qui définirait l'égalité de tous les baptisés, hommes et femmes, dans une Église où les dons de l'Esprit sont donnés également à tous. Mais à la fin du Iᵉʳ siècle, écrit-il, « l'épiscope-presbytre ou le presbyterium collégial s'approprie *(sic)* l'autorité prophétique », de sorte que « le phénomène du prophétisme chrétien, universellement répandu et reconnu dans l'Église ancienne, est progressivement éliminé » (*op. cit.*, p. 76). Voir ma critique de ce sophisme : *Les ministères dans le peuple de Dieu*, Cerf, 1988, p. 47. Or c'est sur cette représentation imaginaire du prophétisme universel, attribué aux communautés originelles, que le même auteur se fondait pour envisager la possibilité de la présidence eucharistique par les femmes, critiquant d'une façon assez âpre la *Déclaration* publiée en 1976 par la « Congrégation pour la doctrine de la foi » (voir *Le ministère dans l'Église*, Cerf, 1981, p. 148 s.), repris dans le *Plaidoyer pour le peuple de Dieu*, p. 263-266 (voir ma critique dans *Les ministères dans le peuple de Dieu*, p. 140-143).

tisés (1 P 2,5 ; cf. Ac 1,6 ; 5,10, avec des variantes notables dans les expressions employées) : ces textes sont en rapport avec le « culte spirituel » que tous les baptisés offrent à Dieu dans leur personne (Rm 12,1), et non avec la tenue des assemblées liturgiques. La structure de celle-ci n'est pas un problème de « sacerdoce », mais un problème d'« organisation des ministères » (paraphrase légère d'Ep 4,12). Sur ce point précis, dans quelle direction le Nouveau Testament nous oriente-t-il ?

IV. ÉGALITÉ DES SEXES ET DIFFÉRENCE DES FONCTIONS

1. La question

Si le principe paulinien de l'égalité entre les sexes *ne* concerne *pas* la question des ministères, il n'en est pas moins posé avec force. Or il l'est en un temps où la tradition juive tire des textes du Premier Testament une règle contraire et organise en conséquence le culte synagogal, tandis que les milieux grecs et hellénisés oscillent entre une prépondérance masculine léguée par les coutumes ancestrales et des mouvements féministes plus récents.

Le problème qui se pose dans les églises locales, et d'abord chez leurs fondateurs, est le suivant : dans un cadre culturel tiraillé entre des tendances qui se rapportent à la vie du « vieil homme », comment faire pour donner au culte chrétien et aux communautés qui le célèbrent des assises conformes, d'une part, à l'ordre de création sur lequel le Premier Testament attirait déjà l'attention, et d'autre part, à l'ordre de la « nouvelle création » instauré dans le Christ Jésus (cf. Ga 6,15 ; 5,17) ? Jusqu'à un certain point, les décisions à prendre sont relatives aux circonstances. Aussi les textes du Nouveau Testament comportent-ils des éléments variables qu'il faut rattacher au droit positif sans en faire des normes immuables. Le silence imposé aux femmes dans les assemblées (1 Co 14,33a-35 ; 1 Tm 2,12-14) est une règle de ce genre, essentiellement pratique, mal coordonnée avec l'autorisation de la prière publique et de la prophétie qui est supposée ailleurs (1 Co 11,5). L'argumentation qui fonde cette règle sur la Torah (1 Co 14,34) en recourant à l'exemple d'Ève (1 Tm 2,13-14) appartient à un genre de raisonnement que les rabbins du temps employaient pour justifier une *halakha* venue de la tradition orale à l'aide d'un texte tiré de la Tôrah écrite. On ne saurait en faire un principe *doctrinal* obligeant à perpétuité [11].

Mais le même Paul auquel on doit l'axiome : « Il n'y a plus ni homme ni femme » (Ga 3,28, avec allusion à Gn 1,26 s.), se préoccupe de respecter les traits caractéristiques de la masculinité et de la féminité dans une société que Dieu a créée en deux sexes. Il lui faut accorder l'égalité de dignité, retrouvée dans le Christ, avec la différence irréductible sans laquelle le genre humain n'existerait pas. Aussi pose-t-il *le principe absolu de leur interdépendance* : « Dans le Seigneur, ni la femme ne va sans l'homme, ni l'homme sans la femme ; car de même que la femme vient de l'homme, ainsi l'homme vient par la femme [12] ; et le tout vient de Dieu » (1 Co 11,11-12). Toutefois cette dépendance ne fonctionne pas de la même manière dans les deux sens. L'essentiel est que sa traduction pratique rende perceptible *à la fois* l'égalité des deux dans le Christ et leur différence par rapport au Christ. Des principes comme ceux de l'*autorité* ou de la *soumission* subissent le contrecoup des modifications culturelles : celles-ci peuvent rendre anachroniques certaines formulations ou cer-

---

11. Il faut reconnaître qu'au cours des âges cet abus de texte a existé : « Mulieres in Ecclesia taceant ! » – « Que les femmes se taisent dans l'Église ! » Le principe fut appliqué jadis à la lecture publique, au chant choral, etc., mais non à l'enseignement du catéchisme... en dehors de l'Église. C'est à une date toute récente que la congrégation des rites a autorisé officiellement les filles à servir à l'autel en qualité d'enfant de chœur.

12. Ce principe n'est pas sans rapport avec la formule de Paul au sujet de l'envoi du Christ, « né d'une femme » (Ga 4,4). Cette coopération à l'incarnation du Fils de Dieu n'a aucun parallèle du côté masculin. Les négateurs de la conception virginale de Jésus ne se rendent pas compte de la censure qu'ils opposent à Dieu lui-même dans l'exécution de son dessein.

taines pratiques qui allaient de soi au temps du Nouveau Testament. Mais cela laisse intact le type de rapport que, dans l'Église, l'homme et la femme nouent avec le Christ Jésus en tant qu'individu de sexe masculin : l'incarnation du Verbe de Dieu dans un homme, fondement de sa médiation rédemptrice, est une donnée irréductible de la révélation qui ne peut manquer d'avoir un sens : quelle conséquence ce fait entraîne-t-il pour la mise en place des structures dans l'Église ?

2. La diversité des services dans l'Église

Pour éclairer cette question, il importe de distinguer les différentes sortes de services sur lesquelles s'articule l'organisation communautaire de l'Église. On peut en distinguer trois : le service de la Parole, quelles qu'en soient les formes ; les divers services d'assistance [13], l'hospitalité pratiquée envers les fidèles ou envers l'assemblée réunie, les manifestations de l'entraide fraternelle, le tout pouvant s'adapter aux circonstances et au cadre social dans lequel l'Église doit vivre ; enfin les services de présidence, de pastorat, de direction, de quelque nom qu'on les appelle.

a) *Le service de la Parole*

Par rapport au Christ, Seigneur de l'Église dans sa gloire de ressuscité, le service de la Parole n'est aucunement un « métier », même s'il doit faire appel en certains cas à des techniques qu'on retrouve dans des métiers humains, par exemple pour l'interprétation des textes bibliques. Son rapport à la Parole de Dieu constitue toujours un *témoignage personnel* rendu par celui qui croit [14]. La profession publique de la

---

13. Ce point n'a jamais soulevé aucun problème dans l'Église.

14. Tout enseignement relatif à l'Évangile n'est qu'une extension de la mission donnée aux apôtres : « Vous serez mes témoins » (Ac 1,8). La prédication et la catéchèse ne sont pas de simples « cours de religion ». Leur valeur profonde repose sur le témoignage de la foi.

foi, l'annonce de l'Évangile, la prière exprimée à haute voix, l'explication de l'Écriture, l'instruction sur le contenu et les conséquences de la foi, la manifestation de l'actualité permanente qui s'attache à la Parole de Dieu, s'inscrivent à l'intérieur de ce cercle. Elles étaient le premier objet de la mission confiée aux apôtres ; elles furent au point de départ de la fondation de l'Église, bien que celle-ci se soit située sur un plan institutionnel qui les dépassait ; elles furent aussi les premières activités sur lesquelles l'assemblée chrétienne s'articula dès l'époque apostolique.

Or dès ce moment elles étaient, et elles sont restées depuis lors, accessibles à tous les fidèles, hommes et femmes, en dehors des assemblées en Église et dans ces assemblées même. Assurément, les apôtres et les délégués d'apôtres avaient le devoir de s'y adonner en raison d'une mission reçue : du Christ d'abord, puis de ses envoyés directs, puis de ceux qui en prolongeaient l'action. *Mais le témoignage rendu à l'Évangile était l'affaire de tout le monde.* Dans les assemblées en Église, les fidèles eux-mêmes pouvaient intervenir sur ce point précis. Leur mesure d'intervention n'avait qu'une règle fondamentale clairement posée par saint Paul : celle de l'ordre dans les assemblées en vue du bien commun (1 Co 14,33 ; cf. 12,7). Les variations culturelles, auxquelles les églises particulières sont nécessairement soumises, entraînent des modifications dans le droit positif qui règle cette activité multiforme ; mais celle-ci reste solidement enracinée dans la vie pratique. Par exemple, la « prophétie » telle qu'on la pratiquait à Corinthe connaît aujourd'hui une résurgence dans les « partages d'Évangile », en dehors de l'assemblée eucharistique ou dans son déroulement [15]. Les fidèles des deux sexes y prennent également part, avec les qualités propres qui peuvent s'attacher respectivement à la masculinité et à la féminité : cela aussi fait partie des « dons de grâce » *(kharísmata)*

---

15. Au cours d'une célébration eucharistique effectuée dans un petit groupe, l'homélie peut fort bien être remplacée par un « partage de l'Évangile » ainsi compris. Le choix des moyens est une affaire de tact pastoral et de possibilité pratique.

accordés par l'Esprit Saint. De même, l'expression publique de la prière et son animation peuvent être faites par tout le monde, pourvu que la Parole de Dieu soit correctement comprise et que la réponse humaine traduise la foi d'une façon authentique.

Il en va de même pour *tous* les services de la Parole de Dieu dans l'Église. Leur répartition et leur mise en œuvre sont une affaire d'appréciation sage et prudente, dans une perspective évangélique où l'on doit à la fois tenir compte du contexte culturel et balayer les préjugés dont celui-ci serait éventuellement chargé. Cette appréciation des circonstances peut demander la participation de tous, dans la mesure où le sentiment de responsabilité communautaire s'allie à une fidélité inconditionnelle à l'Évangile : « garder le dépôt » n'est une affaire facultative pour personne (cf. 1 Tm 6,20 ; 2 Tm 1,12.14). Mais c'est ici qu'interviennent les fonctions importantes qui se rattachent à une autre forme de service : celle qu'on a appelée « pastorale ».

b) *Le problème du service pastoral*

Au point de départ de ce service, il y eut la responsabilité propre que les apôtres reçurent en tant qu'envoyés directs du Christ ressuscité. Mais il faut distinguer ici deux choses : la possibilité du témoignage rendu au Christ ressuscité par ceux qui l'avaient vu, et la mission reçue de lui en vue de la fondation de l'Église.

En ce qui concerne le témoignage, les textes assez brefs qui parlent de ses apparitions font entrevoir un nombre important de « témoins ». D'après la tradition recueillie par Paul dans 1 Co 15,2-8, le Christ en gloire a été vu par « plus de cinq cents frères à la fois » (15,6). Le mot « frères » ne doit pas être entendu ici en un sens « sexué » : il est inconcevable qu'il n'y ait eu là que des hommes, quand on sait que des femmes avaient suivi Jésus durant sa vie publique en qualité de disciples. Matthieu et Jean parlent explicitement d'une apparition à des femmes en premier lieu, et c'est elles qui reçoivent la mission d'aller avertir les apôtres (Mt 28,10 ; Jn 20,17)[16]. Le *témoignage* sur la réalité de la résurrection de Jésus, inauguration du monde nouveau, a donc pu être porté par tous ces « frères » de la première heure, hommes et femmes réunis.

Mais il en va autrement pour *la mission relative à la fondation de l'Église*. L'apparition du Christ à Pierre et aux Douze (1 Co 15,5) est en rapport très étroit avec la structure symbolique de l'Église. L'apparition à Jacques et tous les apôtres (15,7b) fait directement allusion à la mission reçue par eux (« apôtre » = « envoyé »). L'insistance sur cet envoi reparaît dans l'œuvre de Luc (Ac 1,8 ; cf. 1,2, qui mentionne les « apôtres »), chez Matthieu (Mt 28,18-20), chez Jean (Jn 20,21), dans la finale de Marc (Mc 16,15-16). A partir de là, on assiste à la multiplication des serviteurs de l'Évangile, corrélative à la fondation des communautés locales. Celles-ci ne sont pas de simples assemblées de croyants qui se donnent librement les structures qui leur conviennent : *c'est de leur fondation apostolique qu'elles reçoivent une charpente institutionnelle*, pour porter le témoignage évangélique face au monde juif puis au monde païen. Les « ministères institués » ont une fonction d'encadrement, pour assurer la permanence du témoignage authentique venu des apôtres[17]. Ces ministères, quelle que soit leur désignation, ne sont pas les émanations de la communauté réunie qui se donnerait des organes administratifs, des « fonctionnaires ». Bien que liés à des dons de grâce *(kharísmata)* qui montrent la permanence de l'Esprit Saint dans l'Église, ils ne sont pas non plus des activités charismatiques qui trouveraient en elles-mêmes leur justification. *Leur lien effectif, visible, vérifiable, à l'apostolat initial traduit*

---

16. Tel commentaire patristique donne à Marie de Magdala, en ce sens précis, le titre d'« apôtre des apôtres ». Mais il est clair que la mission reçue n'est pas un envoi au monde, au même titre que l'envoi des Douze.

17. C'est ici que la notion d'« apostolicité » se diluait d'une façon inacceptable dans la présentation qu'en faisait E. Schillebeeckx dans *Le ministère dans l'Église : Service de présidence de la communauté de Jésus-Christ*, p. 20 s. Voir ma critique dans *Église et ministères*, p. 70-74.

concrètement la présence constante des apôtres au milieu des églises. Il est donc l'élément essentiel qui détermine leur sens. Il investit ceux qui en reçoivent la mission à leur tour d'une responsabilité unique en son genre : ils représentent l'« apostolicité » de l'Église. Nous avons vu plus haut que les textes du Nouveau Testament ne fournissent aucun indice sûr d'un « pastorat » ou d'une « présidence » confiés à des femmes. Il faut s'interroger sur la raison d'être de ce fait : s'agit-il simplement d'une adaptation provisoire de l'Église aux coutumes de la société antique, ou d'une prise de position implicite qui garde aujourd'hui sa valeur ? Ce dilemme ouvre la voie à deux opinions contradictoires qu'il faut examiner sérieusement pour finir.

Conclusions

1. La vocation des deux sexes dans le dessein de Dieu

L'organisation des ministères léguée par la tradition apostolique ne fut-elle qu'une adaptation provisoire aux coutumes de la société antique, ou garde-t-elle présentement ses exigences inchangées ? La première hypothèse fait volontiers appel aux sentiments qui trouvent leur expression dans « l'opinion publique ». Du moins dans l'Occident « post-chrétien », où l'égalité des sexes dans la vie sociale est acquise en principe et sanctionnée par la loi. L'Église primitive n'avait-elle pas aligné son organisation sur la société de son temps ? Pour voir clair dans cette question, il faut déplacer le problème pour rappeler d'abord *ce que l'Église a présenté de spécifique*, au moment où elle trouvait son chemin original entre la société juive sur laquelle elle était greffée et les sociétés païennes aux multiples faces, tant dans l'empire romain que dans l'empire parthe.

Sa première originalité est sa référence au Christ Jésus, non seulement comme fondateur historique, mais comme présence active qui donne un sens à toutes ses structures. A partir de là, les structures en question ne se définissent pas en termes de pouvoir *(exousía)*, mais de service *(diakonía)*, ce que nous traduisons par « ministère » : service *du Christ* dont l'action doit se prolonger ici-bas. Ce service revêt d'emblée deux formes qui posent des problèmes différents : d'un côté, le service de la Parole évangélique, quels qu'en soient les moyens et de l'autre, celui de présidence ou de pastorat, quelles qu'en soient les désignations. Tout témoignage rendu à l'Évangile rend présent l'Évangile comme « force de Dieu pour le salut de tout croyant » (Rm 1,16) : la médiation active du Christ passe par ce « sacrement de la Parole ». Sous ce rapport, la mission donnée aux Douze s'accomplit donc à travers *le témoignage de tous les croyants* pour atteindre « toutes les nations » (cf. Mt 28,19-20 ; Lc 24,28 ; Ac 1,8b ; Mc 16,15-18). Mais la présence des « envoyés » du Christ, comme telle, a une autre valeur « sacramentaire » : « Qui accueille celui que j'aurai *envoyé*, m'accueille, et qui m'accueille, accueille celui qui m'a envoyé » (Jn 13,20) ; « Comme le Père m'a envoyé, moi aussi je vous *envoie* » (Jn 20,21) ; « Comme tu m'as envoyé dans le monde, moi aussi je les ai *envoyés* dans le monde » (Jn 17,18).

Il faut assurément tenir compte du fait que, dans ces textes, les disciples présents autour de Jésus quand vient son « heure » ont un caractère représentatif : on discerne derrière eux les disciples de tous les temps qui, « grâce à leur parole, croiront » en Jésus (Jn 17,20). Mais ils n'en sont pas moins les envoyés immédiats, dont l'accueil signifie l'accueil de Jésus lui-même. Entre leur personne et Jésus se noue ainsi un rapport intime qui dépasse le cadre de la Parole annoncée *et concerne sa personne*. Les actes de Jésus sont révélateurs du dessein de Dieu comme ses paroles : c'est la jonction des deux qui le fait connaître. Dans cette perspective, le choix opéré par lui ne se porte pas sur des hommes par un effet du hasard, ou en raison de l'hypothèque que la culture juive de son temps ferait peser sur ses déterminations. Il est en relation très profonde avec le fait que Jésus est, lui aussi, un homme qui assume pleinement sa masculinité dans ses rapports avec les hommes et les femmes : il l'assume en la « livrant » jusqu'à la mort. Homme, il laisse ici-bas la trace de son passage par le choix des hommes chargés de le représenter [1]. Assurément, sa structuration psychologique et sociale est marquée par son

---

1. Il faut réfléchir sur cette notion de « représentation » appliquée aux envoyés de Jésus. Elle fait d'eux les « sacrements » (au sens large) de sa

enracinement dans le judaïsme[2], de même que la représentation de Dieu comme Père porte la marque du contexte culturel dans lequel elle a émergé. Posons donc la question : pourquoi cette figure paternelle de Dieu, et non point une figure maternelle[3], alors que le Dieu de la révélation, dans son unicité absolue, se situe justement au-delà des différenciations sexuelles[4] ? Et pourquoi, dans les symbolismes bibliques, cette image masculine de l'Époux[5], transférée sur le Christ Jésus dans le Nouveau Testament, un Époux devant lequel l'humanité se trouve en situation d'Épouse ?

Contrairement à ce que craignent des lecteurs dont l'interprétation provient d'une sensibilité superficielle et non d'un acte de raison enraciné dans la foi, ce double symbolisme emprunté à la masculinité n'a aucunement pour but de mettre

---

présence, exactement comme le témoignage rendu par les croyants à l'Évangile est le « sacrement » de sa Parole. En utilisant ce langage, on recourt à une terminologie latine (« sacramentum »), mais on l'élargit pour dépasser la notion scolastique des « sept sacrements ». L'antiquité chrétienne connaissait cet usage qui correspondait à l'emploi très large du mot grec *mystērion* (cf. G.W.H. Lampe, art. « Mystērion », *A Patristic Greek Lexicon*, 892 s., sous la lettre F). Naturellement, cette fonction représentative n'implique ni une dignité, ni un pouvoir, ni une supériorité par rapport aux autres fidèles. Elle implique une tâche à remplir, dont le détenteur ne peut que se sentir indigne et humainement incapable en raison de ses déficiences.

2. Jésus le juif a été façonné par la tradition juive qu'il a assumée en la conduisant à son « accomplissement ». Le Premier Testament constitua une « pédagogie » (cf. Ga 3,24-25, entendu en un sens positif) qui, par l'éducation reçue de ses parents et de la pratique synagogale, façonna sa personnalité de sexe masculin, comme elle avait façonné la personnalité féminine de sa mère.

3. Cf. *supra*, p. 18.

4. Selon les desseins providentiels de Dieu, il était impossible que son « irruption » dans l'expérience historique des hommes par le biais impensable de l'incarnation se produisît avant que le culte de la déesse-mère, courant depuis l'époque néolithique et encore présent dans plus d'une religion orientale (cf. le culte asianique de Cybèle), ait été supplanté par la révélation du Dieu unique, du Dieu de l'alliance, évoqué sous les traits du Père. C'est là un aspect essentiel de la « pédagogie » positive que constitua le Premier Testament.

5. Rappelons que le symbole des épousailles est une traduction imagée de l'alliance depuis Os 1-3 ; Jr 2,2 ; 31,4 ; Ez 16 et 23 ; Is 54 et 62,15. Nous rejoignons ici ce qui a été exposé dans le chap. I, dont on constate ainsi la raison d'être. Tout se tient dans la révélation biblique.

en évidence l'autorité de Dieu conçue à la façon de l'ancienne société patriarcale. Dans le Premier Testament, l'image paternelle de Dieu sert à traduire une tendresse qui surpasse même celle des mères (Is 49, 14-15), et son image sponsale dépasse de loin ce que suggérerait le droit familial dans l'antiquité, puisque l'Époux divin est disposé à reprendre son Épouse adultère (Jn 3,1-5.12-13 ; Ez 16,60-63 ; Is 54,5-8). Quand l'image se reporte sur le Christ afin de révéler par son entremise l'attitude de Dieu envers les hommes, c'est pour monter que son amour d'Époux l'amène à « se livrer » pour son Épouse, l'humanité qui devient l'Église (Ep 5,25). La masculinité du Christ a ainsi une fonction précise dans l'« économie du salut » : c'est à travers ce « révélateur » que transparaît l'amour de Dieu envers nous (cf. Rm 5,8 ; 8,32), de telle sorte que nous puissions y répondre en criant : « Abba, Père » (Rm 8,15 qui reprend l'invocation de Jésus dans Mc 14,36). Tel est le sens du symbolisme paternel et sponsal qui, du Premier Testament, passe dans le Nouveau pour révéler Dieu luimême. L'expression de la révélation étant de nature symbolique, il faut partir de là pour comprendre le sens des actes de Jésus lui-même.

Il n'est pas du tout arbitraire de reconnaître une *cohérence* entre la révélation de l'amour de Dieu pour nous, advenue par la médiation de Jésus dans une société longuement préparée à cet effet[6], et le choix que Jésus a opéré en mettant des hommes à part pour être à sa suite et en son nom des « pêcheurs d'hommes » (Mc 1,17 et par.), pour « paître [ses] agneaux et [ses] brebis » (Jn 21,17,17, à rapprocher de Jn 10,1-18 et 1 P 5,2 ; Ac 20,28). Ce choix ne retirait rien à sa reconnaissance de la dignité féminine. Mais en donnant,

---

6. La préparation « prochaine » de la venue de Jésus commence par la vocation d'Abraham (cf. Rm 4) et le choix de David (cf. Rm 1). C'est pourquoi, chez Matthieu, la généalogie de Jésus le montre « fils de David, fils d'Abraham » (Mt 1,1-16). Mais une préparation lointaine remontait, à travers des méandres insaisissables, jusqu'aux origines, comme le souligne la généalogie construite par Luc (Lc 3,23-38, qui utilise les récits symboliques de Gn 4-11).

par le choix des Douze, une structure au « petit troupeau » auquel le Père des cieux allait « donner le Royaume » (Lc 12,32) et qui allait devenir son Église, il amorçait la procédure par laquelle ses envoyés directs allaient à leur tour donner une structure à l'Église[7]. Ce développement historique du « petit troupeau » se ferait donc dans la logique de sa fondation originaire. Il serait faux de dire que l'Église apostolique a simplement calqué les structures de la société juive ou gréco-romaine pour les transplanter dans son organisation interne[8].

Les apôtres de Jésus et les « hommes apostoliques » qui coopéraient avec eux durent assurément tenir compte des conditions culturelles dans lesquelles les communautés locales devaient se développer. Le *Corpus* paulinien en présente quelques exemples à propos de l'activité des femmes dans l'Église (prise de parole ou réduction au silence ?) ou à propos de la situation respectives des hommes et des femmes (« l'homme chef, *[képhalē]* de la femme, comme le Christ, chef de l'homme », ou « la femme gloire de l'homme comme l'homme, image et gloire de Dieu » (1 Co 11,3.7). Nous traduirions autrement la complémentarité des deux sexes et le caractère propre de la masculinité, en nous référant au principe suivant lequel « dans le Christ il n'y a ni homme ni femme » (Ga 3,28) : les expressions du même Paul se complètent l'une l'autre.

Paul ne se référait pas aux structures de la société juive ou gréco-romaine pour définir ainsi la situation respective des deux sexes : il la voyait *à travers l'ordre de la création res-*

---

7. On peut laisser de côté sans regret les réflexions d'un certain nombre de lecteurs qui excusent Jésus de n'avoir pas pu faire mieux, parce qu'il était prisonnier des préjugés de son milieu et de son temps. Ces gens se montrent incapables de comprendre que Dieu, dans sa providence souveraine, a combiné exactement les choses pour que l'action révélatrice et rédemptrice de Jésus s'inscrive dans *ce* milieu et dans *ce* temps, pour en épouser les valeurs positives, en les bousculant tout juste assez pour que l'avenir de l'Église soit ouvert. Mais il ne s'est ouvert que par la mort en croix de Jésus, suivie par le fait que « Dieu l'a ressuscité le troisième jour » (Ac 10,40).

8. Ce n'est pas parce que le même mot *ekklēsía* se retrouve en grec pour désigner les assemblées civiles (cf. Ac 19,30.32.39) que l'assemblée chrétienne aurait été organisée sur le modèle du *collegium*, ou assemblée libre, du monde gréco-romain. Voir ma critique de cette suggestion, avancée par E. Schillebeeckx, dans *Les ministères dans le peuple de Dieu*, p. 44-46. Il est curieux de constater que, dans cette théorie, la référence à la Bible grecque est ignorée.

tauré dans le Christ. Quant à leur rapport avec les structures de l'Église, il faudrait se demander si leurs différences fondamentales, irréductibles aux plans physique et psychologique, ont totalement perdu leur sens dans l'ordre des représentations symboliques indispensables à l'intelligence de la foi, et si la distribution des dons de l'Esprit, liée aux ministères et aux activités qu'exercent les membres de l'Église (1 Co 12, 4-6.11), n'a aucun rapport avec cet ordre lui-même quand les fonctions pastorales sont en jeu.

La réflexion qui doit être menée sur ce point se heurte, reconnaissons-le, à un obstacle inévitable : puisque la sexualité est engagée dans une question de ce genre, *personne n'est neutre pour y réfléchir et tout le monde risque d'y mêler ses prétentions ou ses rancunes.* Une comparaison simple fait comprendre la difficulté de cette situation. Par rapport au problème politique des classes sociales, l'humanité est forcément divisée en gouvernants et gouvernés, et cette nécessité pratique entraîne presque fatalement des abus. Plus encore, au point de vue du pouvoir et de la possession des biens, elle se divise presque fatalement en accapareurs et en frustrés, en oppresseurs et en opprimés : c'est la rançon de la condition humaine. Pour y parer dans la vie de l'Église, il faut donc inventer un exercice de l'autorité qui soit exercé comme un pur « service » *(diakonía).* C'est l'idéal : le principe en est posé. Mais les hommes étant ce qu'ils sont, l'attitude de domination qui vient corrompre la relation entre les deux sexes au sein de l'union matrimoniale (cf. Gn 3,16c, comparé à 2,18 et 2,23a) risque pareillement de s'introduire dans les attitudes masculines chez ceux qui ont une mission de service pastoral. (En renversant la situation et en confiant le pouvoir à des femmes, on trouverait exactement la même difficulté !) Ce danger était perçu dès l'époque apostolique. Dans les Actes des apôtres, les derniers mots du discours de Paul aux anciens d'Éphèse sont une exhortation au don de soi sans réticence : « C'est *en peinant* qu'il faut secourir les faibles, et il faut se souvenir des paroles du Seigneur Jésus : Il y a plus de bonheur à *donner* qu'à recevoir » (Ac 20,35). Pareillement, la *I^a Petri* fixe aux presbytres

(= aux anciens) une ligne de conduite très claire : « Paissez le troupeau de Dieu qui est chez vous en veillant sur lui, *non par contrainte* mais de bon gré, selon Dieu ; non *pour un gain honteux*, mais avec ardeur ; non *en exerçant une seigneurie* à l'égard de ceux qui vous sont échus en partage, mais en devenant les modèles du troupeau » (1 P 5,2-3).

Le désintéressement dans l'ordre de l'avoir, du pouvoir, du savoir, du valoir, est le signe même du ministère compris comme un service. Le fait qu'au plan où il se situe, celui du pastorat ou de la présidence (peu importent les désignations !), il soit confié à des hommes dès les temps apostoliques n'est aucunement le signe d'une supériorité ou d'une prédominance entérinées par le droit. Ceux qui s'en targueraient seraient aussi sots que celles qui en seraient jalouses. Il s'agit au contraire d'une charge qui exige à la fois humilité et renoncement à soi. Que la réalité ne corresponde pas toujours à cet idéal fixé une fois pour toutes, qui le nierait[9] ? Mais l'instauration d'un « pastorat » féminin laisserait intact cet aspect du problème. Certaines considérations aventureuses sur la supériorité masculine qui serait inscrite, dit-on, dans l'ordre de la création, brouillent complètement la question en lisant de travers les textes bibliques qui en traitent. Cela dit, il faut constater que les textes du Nouveau Testament ne donnent aucun fondement solide à l'innovation que constituerait le pastorat féminin, entendu au sens strict de la « présidence » de l'Église et de l'assemblée eucharistique[10]. Mais une fois ce point mis à part, il faut reconnaître que les textes *ouvrent aux*

---

9. Les historiens de l'Église relèveraient aisément des exemples de ce genre dans tous les temps, et la réalité quotidienne de notre temps en fournit d'autres. Mais il faudrait analyser de près la mentalité et l'attitude de ceux qui trouvent plaisir à cette critique négative : Où en sont-ils eux-mêmes ?

10. La vraie question n'est pas de découvrir dans le Nouveau Testament des textes qui l'interdiraient et auxquels il faudrait, bon gré mal gré, se plier au nom du « droit apostolique ». Elle est de trouver des textes qui le montreraient positivement mis en œuvre sous l'autorité apostolique. S'il n'y en a pas, et si la tradition conservée par les héritiers immédiats de l'âge apostolique montre qu'aucun principe de cette sorte n'a été « reçu » de l'âge apostolique, il faudrait montrer que, néanmoins, notre époque aurait le droit de substituer son autorité à celle des apôtres. Qui le prétendra ?

femmes la participation positive à tous les services d'Église. C'est une affaire d'appréciation pratique en fonction des circonstances concrètes et des besoins. Tout théologien de sexe masculin ne peut que se sentir gêné d'énoncer ici une conclusion : il a l'impression de n'être pas neutre et, par le fait même, de s'offrir au jugement sévère des autres chrétiens et surtout des chrétiennes. Il ne peut le faire que parce qu'il s'y sent *obligé par sa soumission à la Parole de Dieu* qui est l'unique règle de la foi. Mais peut-être lui faut-il encore être confirmé dans cette conclusion par l'examen d'un fait qui dépasse la matérialité des textes et qui, au-delà d'eux, rejoint ce qui constitue la norme suprême de la foi, à savoir : *la tradition apostolique*.

2. La fidélité à la tradition apostolique

La réflexion ne peut faire ici l'économie d'une question qui touche à l'histoire des dogmes et des structures ecclésiales, car elle continue de faire l'objet d'une controverse importante. Même si l'on aborde cette controverse avec un plein irénisme en posant en principe que les désaccords n'entament aucunement la bonne foi – et la foi profonde ! – des chrétiens qui émettent des avis opposés, il faut mettre en évidence les points exacts sur lesquels portent les divergences.

a) *L'Écriture et l'Église*

Les Réformateurs du XVIᵉ siècle ont posé en principe que la *seule* autorité déterminante en matière de foi chrétienne et de pratique ecclésiale était l'Écriture sainte. Situons cette vue des choses dans le cadre qui l'explique. L'état de la prédication et de la théologie à la fin du XVᵉ siècle, époque du nominalisme, se trouvait dans une profonde décadence, si l'on met à part quelques théologiens de valeur comme Jean Gerson. La prédication fonctionnait – ou parfois ne fonctionnait pas ! – en fonction de la « tradition » reçue, et la théologie scolaire établissait ses thèses à l'aide de « dicta probantia » choisis chez les théologiens du passé aussi bien que dans les textes des deux Testaments [11]. Il y avait là un manque de discernement certain. Le « retour à l'Écriture » était certainement une nécessité pour opérer un ressourcement capital.

Luther n'était pas le seul à s'en rendre compte : Érasme, dans une autre perspective et avec d'autres moyens, le préconisait aussi et le réalisait dans son œuvre. La façon dont ce « retour à l'Écriture » fut compris par Luther et les autres « Réformateurs » se fit malheureusement dans le cadre d'une culture fortement influencée par la théologie nominaliste, hantée par la recherche des « dicta probantia » pour fonder les « vérités de foi » grâce à des raisonnements logiques. Or il aurait fallu pousser plus loin l'analyse. En effet, les apôtres envoyés par Jésus n'avaient pas commencé par écrire des textes, aujourd'hui recueillis dans un ensemble canonique : *ils ont conjointement annoncé l'Évangile et fondé l'Église*, sous la forme de communautés locales qui manifestaient la présence de l'*Ekklēsía* du Christ lui-même (cf. Mt 16,18 : « je bâtirai

---

11. La fin du XIVᵉ siècle et le XVᵉ furent pour l'Église, en Occident, une période de crise profonde dont on peut énumérer quelques aspects. En France, la guerre de cent ans et ses conséquences sociales, l'épidémie de peste noire en Europe vers 1350, le grand schisme d'Occident (de 1378 à 1447), la décadence de la théologie (à l'exception de Gerson), l'évolution de l'ancienne doctrine des indulgences qui tourne au trafic (cf. l'exposé de E. Delaruelle - E.-R. Labande - P. Ourliac, dans l'*Histoire de l'Église* de Fliche et Martin, t. 14, p. 810-820), la dissolution de la « Christianitas » médiévale par la montée des futurs États modernes, l'essor de la sorcellerie combattue par la « chasse aux sorcières », la décadence du clergé et des ordres religieux, la décadence de la papauté partagée entre sa fonction spirituelle et sa souveraineté temporelle, envahie au surplus par une série de pontifes scandaleux ou ambitieux à partir de Calixte III (1455), l'ambiguïté de la Renaissance, tandis que l'Orient séparé succombait sous le poids de l'invasion turque (prise de Constantinople en 1453)... Dans ce cadre, la prédication, seule source d'instruction religieuse pour le peuple chrétien, est souvent négligée et généralement routinière (voir les exposés bien informés de l'*Histoire du christianisme*, t. 6, Desclée-Fayard, 1990, p. 355-389, où le positif est noté à côté du négatif). La crise contemporaine du début de la Renaissance est présentée par R. Aubenas, dans Fliche et Martin, t. 15, p. 201-388. Il faut reconnaître cet arrière-plan pour comprendre l'attitude de Luther.

mon Église »). Ainsi fut mise en place, non seulement une *foi* qui avait pour base l'Évangile de Jésus-Christ, mais aussi une *institution* chargée par le Christ lui-même de propager cette foi, d'en élucider le contenu en l'annonçant, de veiller sur sa compréhension authentique dans une pluralité possible de formulations. Les textes du Nouveau Testament ne sont venus qu'ensuite : ils furent les cristallisations occasionnelles de cette annonce apostolique de l'Évangile, en fonction des besoins pratiques des églises. Ils constituaient une littérature fonctionnelle qui répondait aux nécessités du moment dans telle ou telle communauté particulière. Ils ne doivent pas être séparés du cadre dans lequel ils sont nés : c'est en fonction de lui qu'ils évoquent occasionnellement les structures des églises locales, sans donner aucune règle « canonique » ayant une valeur générale pour fonder l'organisation des ministères.

Il faut donc, au-delà de ces textes, recourir à *la tradition apostolique* prise globalement, pour trouver la règle ultime de la foi et de la vie pratique dans l'Église qui en reste la dépositaire. Cette tradition apostolique ne se réduit ni aux écrits qui auraient des apôtres pour auteurs directs, ni encore moins aux traditions les plus « primitives » au plan de la doctrine et des institutions, qu'on pourrait mettre en évidence à partir des écrits recueillis dans la liste officielle, le « Canon »[12]. La tradition apostolique est attestée par la totalité des écrits que l'Église a reconnus comme « régulateurs » (sens originel du mot « canonique »). On peut discerner un développement à l'intérieur de ces écrits, soit pour l'expression de la foi, soit pour la mise en place des structures ecclésiales. Mais il fait comprendre correctement ce développement. Sous l'angle de la doctrine comme sous celui des institutions, il se présente

---

12. La hantise de l'« originaire » ouvrirait la voie à une illusion dangereuse : le développement de l'Église n'aurait-il pas pu se faire autrement, de sorte qu'en repartant de cet « originaire », on pourrait inventer aujourd'hui d'autres formes de développement qui resteraient conformes aux principes posés par Jésus à ses apôtres ? Il suffit de signaler ce danger, qui ferait beaucoup travailler les imaginations, sans préciser les propositions qui ont pu être ainsi faites depuis le concile Vatican II pour réorganiser les ministères dans l'Église.

d'une façon diversifiée qui ne permet pas d'y découvrir une unité logique, présentée comme un système figé. Pour ce qui concerne l'Évangile, dont le Christ Jésus est devenu l'objet après en avoir été l'annonciateur, c'est sa personne, en tant que médiateur de révélation et de salut, qui en fait l'unité réelle, quels que soient les moyens employés pour traduire en langage humain sa réalité mystérieuse.

La recherche d'un centre logique, qui constituerait un « Canon » dans le « Canon », est une erreur de méthode qui minimise l'importance d'une partie de la révélation advenue en Jésus Christ [13]. Quant à la relecture du Premier Testament, elle trouve dans le Nouveau les principes de son interprétation authentique. Mais la tradition apostolique ne s'arrête pas là. En effet, *son aspect institutionnel,* mis en place de diverses façons et moyennant un développement certain, *a été reçu fidèlement dans les églises du IIᵉ siècle,* suivant un principe que la première lettre à Timothée posait fortement : « Conserve le dépôt » (1 Tm 6,20). Non seulement le dépôt de la foi ou le dépôt des Écritures, mais aussi *le dépôt institutionnel légué par l'Église des apôtres.* Sur ce point, il est symptomatique que, dans le dernier quart du IIᵉ siècle, saint Irénée ait mis en avant avec force la référence à la tradition des apôtres pour défendre la foi authentique contre sa dégénérescence dans les courants gnostiques en faisant appel à la permanence des églises fondées par les apôtres [14]. Le signe de cette permanence était reconnu par lui dans la « succession apostolique » dont il trouvait notamment la trace pour l'église locale de Rome [15].

---

13. Tant pour la foi que pour l'organisation de l'Église, il existe un *lien organique* entre les aspects diversifiés de la « règle » attestée par les écrits « canoniques ». Il n'y a pas à choisir entre eux : il faut les prendre tous. Mais c'est dans la personne du Christ Jésus que ce principe d'unité doit être recherché pour la foi, et c'est dans la tradition apostolique entière qu'il subsiste pour les institutions de l'Église.

14. Voir mon exposé : « La tradition apostolique », *RB* 99 (1992/1), numéro du Centenaire, p. 163 (204). Je signale dans cet article les divers aspects du développement à l'intérieur de la tradition apostolique jusqu'à la clôture du Nouveau Testament.

15. Voir saint Irénée, *Contre les hérésies*, III, iii, 2-3 (texte et traduction dans l'édition des « Sources chrétiennes », 211, p. 32-39).

A ses yeux, ce n'était pas l'Écriture qui fondait l'autorité de la tradition apostolique : c'était la tradition des apôtres, assurée par la succession apostolique des églises, qui fondait la compréhension authentique des Écritures, tant pour le Premier Testament interprété à la lumière du Christ, que pour les écrits du Nouveau.

b) *Une nouvelle tradition ecclésiastique*

Il est fort dommageable pour la permanence de la foi que ce principe de la tradition apostolique n'ait pas été pris en considération par les artisans de la « Réformation ». Ils auraient trouvé là le moyen de remettre l'Écriture à sa place comme base de la foi et de la prédication, sans se couper d'une tradition ecclésiastique qui avait effectivement besoin d'une réforme profonde. Quels qu'aient été alors les torts de cette tradition ecclésiastique dans ses organes représentatifs, elle restait l'héritière de la tradition apostolique dans ses structures essentielles. Il fallait incontestablement réformer les structures sur des points importants, pour les rendre plus fidèles à leur origine apostolique. Mais en fonction de quels critères la réforme devait-elle se faire ? L'Écriture seule comme règle de foi y suffisait-elle ? Le concile de Trente en rejeta l'idée. Mais en s'efforçant d'opérer une réforme profonde dans l'Église, fut-il également heureux sur tous les points ? Sa situation de réaction contre un mouvement qu'il voulait enrayer n'était pas la meilleure pour parvenir à ses fins d'une façon équilibrée. Le courant protestant mettait en question des aspects essentiels de la tradition *ecclésiastique*[16].

---

16. Le Décret de la session IV, relatif à la réception des saintes Écritures et *des* traditions (Denz.-Sch., n° 1501) précise que c'est l'Évangile qui est « *la* source de la vérité relative au salut et de la règle des mœurs », cette vérité est contenue « dans les livres écrits et des traditions non écrites », soit reçues par les apôtres de la bouche du Christ, soit *transmises comme de main en main* par les apôtres sous l'inspiration du Saint-Esprit ». Ces traditions transmises « comme de main en main » (« quasi per manum ») ne peuvent être d'ordre dogmatique : l'expression serait impropre. Ce sont donc les traditions *pratiques* qui ne sont pas nécessairement consignées dans les écrits du Nouveau Testament, mais qui ont été reçues par les commu-

Pour contredire cette tendance, le Concile se devait de la réhabiliter. Il est clair qu'il ne la plaça pas sur le même pied que l'Écriture. Mais il ne mit pas nettement en évidence la notion fondamentale de tradition apostolique, quoiqu'il se référât aux apôtres et aux textes du Nouveau Testament. Son travail a besoin d'être complété sur ce point. De même, dans la controverse au sujet des fonctions dans l'Église et des structures qui l'encadrent, il est regrettable qu'il ne soit pas parti de la notion de *ministère*, mais de celle de *sacerdoce*, qui faisait l'objet d'une mise en question du côté protestant. Assurément, l'interprétation sacerdotale du ministère pastoral des évêques, puis des prêtres, devint coutumière dans la tradition ecclésiastique à partir de la fin du IIᵉ siècle. Malheureusement, elle entraînait une certaine équivoque en raison de son absence dans le Nouveau Testament pour qualifier ces ministères [17]. Ce point devrait être repris avec plus de précision, mais ce n'est pas ici le lieu pour le faire.

Pour ce qui concerne la structure des ministères, il est clair que les données textuelles du Nouveau Testament, nullement synthétisées sous une forme doctrinale et « canonique » unifiée, ont finalement trouvé leur équilibre entre le temps de la lettre de Clément aux Corinthiens (v. 95) et les lettres d'Ignace d'Antioche (v. 110). Ce n'était sans doute pas trop difficile.

---

nautés dans la permanence de leur vie. On trouvera une traduction française du texte dans le recueil de G. Dumeige, *La foi catholique*, L'Orante, 1975, n° 148 (p. 83). Ce texte rectifie heureusement la position protestante d'une tradition apostolique réduite à la foi des apôtres.

17. Le fait est très net dans le texte de la Session XXIII, dont le chap. I est intitulé : « De institutione *sacerdotii* Novae Legis » (Dz-Sch. n° 1764). Or le seul texte allégué est celui de He 7,12, qui concerne le sacerdoce *du Christ*. La mise en relation étroite des notions de sacerdoce et de sacrifice n'est pas fausse. Mais elle change de nature entre l'Ancien et le Nouveau Testament, car le Christ seul exerce le sacerdoce de son propre sacrifice. Les ministres n'en font que le service pour en rendre présents les fruits au bénéfice du peuple chrétien (voir mon exposé : « Le ministère chrétien dans sa dimension sacerdotale », *NRT* 112 (1990), p. 161-182). Quand on parle de « sacerdoce ministériel » ou de « ministère sacerdotal », on risque d'attribuer au ministère proprement dit une qualification qui l'assimile à tort à l'ancien sacerdoce juif, alors que sa fonction est un pur *service* du Christ dans son pouvoir *unique* de sanctification des hommes.

En effet, le « président » du groupe des « presbytres » locaux remplissait probablement une fonction d'« épiscopat » pour « veiller » au bon ordre de tout le groupe et de l'église qu'il encadrait : il pouvait sans difficulté devenir l'« épiscope » permanent de cette église. Ce fait peut poser des problèmes théologiques au sujet de la différence « sacramentaire » entre le presbytérat et l'épiscopat [18], mais la chose est secondaire par rapport aux structures reçues de la tradition apostolique. Quant à l'interprétation sacerdotale de ce double ministère, appliquée d'abord à l'épiscopat chez Hippolyte puis au presbytérat, elle est en rapport avec les trois « offices » du Christ, dont les ministres chrétiens font le service. En ce qui concerne l'office « prophétique », il est effectué par l'annonce de la Parole évangélique : de ce fait, s'il constitue une fonction essentielle pour les « pasteurs », il est aussi ouvert à tous les baptisés. L'office « royal » du Christ, transposé par l'image du Christ-Pasteur, est servi par l'office pastoral des ministres. Quant à l'office « sacerdotal » du Christ, *tous les baptisés en bénéficient* par la sanctification baptismale qui leur donne part à ce « sacerdoce royal » et leur permet de « s'offrir en hostie vivante » dans le « culte spirituel » (Rm 12,1) ; *mais son service est effectué par les ministères*, dans les rites « sacramentels » qui « sanctifient » les fidèles et notamment dans la célébration eucharistique qui actualise l'unique sacrifice du Christ, mort et ressuscité d'entre les morts [19]. Ce dernier point a été mal-

---

18. La notion de « caractère » a appliqué à l'ordination un terme employé depuis Tertullien à propos du baptême, qui imprime sur le baptisé la marque (*kharaktēr* en grec, transcrit directement dans le latin). Sa raison d'être est claire : une fois reçue, l'ordination n'a pas besoin d'être réitérée ; elle marque à jamais celui qui la reçoit. Mais la fonction de l'épiscopat ajoute-t-elle quelque chose à la « marque » reçue lors de l'ordination au presbytérat ? On sait qu'au temps de la lettre de Clément, la direction de l'église de Corinthe était dirigée collectivement par des « presbytres », qui exerçaient ainsi son *episkopē*. En confiant cette fonction à un seul *epískopos*, l'Église ajoute-t-elle quelque chose au « caractère » reçu lors de l'ordination au presbytérat ? Les théologiens en discutent.

19. Le « repas du Seigneur » n'est pas réitéré, mais rendu présent par la célébration eucharistique. Je l'ai rappelé dans « Le repas seigneurial

heureusement négligé par les Réformateurs du XVIᵉ siècle, et plus encore par la tradition issue d'eux : ils ont ainsi tendu à faire du service de la Parole la fonction essentielle du ministère pastoral. La parade énoncée par le Concile de Trente a pratiquement passé à côté de la question en rattachant l'existence d'un « sacerdoce véritable » dans l'Église à un texte qui n'était pas probant (He 7,12 s. concerne le sacerdoce *du Christ*, non *de ses ministres*), et en prenant pour centre de son exposé la notion de sacerdoce et non celle de ministère [20]. Mais tout cela peut aisément être repris dans la perspective de la tradition apostolique.

Si l'on part de celle-ci, il ne faut pas y chercher des textes qui *interdiraient* l'ordination des femmes au ministère pastoral : il est clair qu'on n'en trouverait pas. Mais il faut se demander si la *pratique* qu'on y observe, issue de la tradition apostolique elle-même, renferme des indices qui l'*autorisent* positivement et la montrent *en actes*. La connexion étroite entre le Nouveau Testament et la pratique des églises qui héritèrent directement de la tradition des apôtres constitue, sous ce rapport, un élément déterminant [21]. On a vu qu'au temps du Nouveau Testament les femmes ont participé activement à la vie des églises. Elles ont coopéré notamment au service de la Parole évangélique. Mais elles n'ont pas eu accès aux fonctions ministérielles de presbytérat et d'épiscopat, de pas-

---

(1 Co 11,20) », dans *La Pâque du Christ, mystère de salut* (Mélanges F.-X. Durrwell), Cerf, 1982, p. 203-236.

20. Voir la référence donnée dans la note 16. Luther partait du texte qui mentionne le « sacerdoce » universel des baptisés. Sur ce point, voir mon article : « Le sacerdoce commun des fidèles dans le Nouveau Testament », *Esprit et Vie* 94 (1984), p. 138-144 (= *Osservatore romano*, 29 septembre 1983, p. 6 : commentaire de la Lettre de la Congrégation pour la doctrine de la foi sur « Le ministre de l'eucharistie », en italien).

21. Les controverses qui se poursuivent dans « l'opinion » et dans la presse accumulent les à-peu-près et les sophismes caractérisés, quand elles présentent ce fait comme une « ségrégation » qui « exclut » les femmes de certains « pouvoirs » dont seraient aussi capables que les hommes. Ces vues, nées d'une sensibilité superficielle, ignorent la nature du ministère pastoral, quand elles le comprennent en termes de « pouvoir », et elles ignorent radicalement la tradition « fondatrice » en dehors de laquelle l'Église ne serait plus « apostolique ».

torat et de « présidence ». C'est sous une forme réduite de la *diakonía* que Phoébé, *diákonos* de l'église de Cenchrées, participe à l'animation de cette communauté locale. Au IIe siècle, la conservation de la tradition apostolique n'introduit sur ce point aucune innovation. Faut-il dire qu'il faudrait néanmoins reprendre l'examen du problème, si *les circonstances culturelles* modifiaient la situation respective des hommes et des femmes *dans la société civile* ? En raisonnant ainsi, c'est la représentation fondamentale de l'Église fondée par les apôtres qu'on mettrait en cause. Ceux-ci, quoi qu'on en dise, n'ont pas calqué les structures de l'Église de Jésus-Christ sur celles des sociétés qu'ils avaient à évangéliser. *Ils ont suivi la tradition du Seigneur Jésus*, en assurant aux femmes une place honorable et des activités positives dans les communautés de croyants. Leurs successeurs ont respecté la coutume mise en place à l'époque des apôtres et sous leur autorité, pour réserver à des hommes la charge ministérielle de présidence, pastorat, presbytérat, épiscopat. *Ils assuraient ainsi l'apostolicité de la foi et de la structure ecclésiale*, les deux choses étant étroitement connexes. Ils fixaient du même coup la règle à suivre sur ces deux points, pour que l'Église reste authentiquement « apostolique ». Il faut donc s'y tenir, si on ne veut pas que l'apostolicité de l'Église se dégrade [22].

Il est possible que certains lecteurs de mes réflexions les regardent comme retardataires et peu œcuméniques. En fait, je tiens autant que tout autre à la restauration de l'unité des chrétiens : ses ruptures au cours des âges, et spécialement au XVIe siècle, m'empêchent de dormir. (En quoi j'ai tort, car il

---

22. Il va de soi qu'à la différence du ministère pastoral, le rôle des femmes dans l'Église peut être élargi au maximum pour toutes les responsabilités qui concernent l'annonce de l'Évangile sous toutes ses formes et l'organisation pratique des communautés locales, avec les responsabilités corrélatives. Ce n'est pas pour rien que le titre de « Docteur de l'Église » a été reconnu à sainte Thérèse d'Avila et sainte Catherine de Sienne, ou que des femmes exercent des fonctions officielles de catéchistes, de professeurs de théologie, de responsables pour des groupes de prière et des paroisses sans prêtres (cf. Phoébé, *diákonos* de l'église de Cenchrées dans Rm 16,1), etc. On est là pleinement dans la tradition apostolique.

faut s'en remettre à Dieu et lui demander humblement la grâce du sommeil !) Mais il faut que les efforts faits dans ce but se déroulent en pleine clarté. Que s'agit-il d'obtenir finalement ? *Que l'Église retrouve en plénitude les normes de sa fondation apostolique.* Non pas sous une forme artificielle, par un retour archaïque à « l'originaire » ; mais par une réflexion approfondie sur ce que le legs des apôtres requiert d'elle aujourd'hui. Les églises luthériennes, calvinistes, baptistes et autres vivent actuellement sur une tradition *ecclésiastique* qui a pris forme au XVIᵉ siècle. Nous ne retrouverons pas les moyens nécessaires à la reconstruction de l'unité sans examiner *sur le fond* les points de divergence qui sont apparus alors entre elles et l'Église catholique romaine. On ne peut reprocher aux Réformateurs d'avoir remis en évidence le rôle central que l'Écriture occupe dans l'Église : c'était le sens et l'intention profonde de leur recours à la « Scriptura sola ». Mais il faut regretter que l'Écriture des deux Testaments *n'ait pas été située par eux d'une façon plus forte dans le cadre, forcément plus large, de la tradition apostolique envisagée sous tous ses aspects.* Du même coup, l'Écriture était coupée de l'institution que les apôtres avaient eux-mêmes mise en place et dont ils avaient déterminé les structures essentielles. Les églises du IIᵉ siècle n'ont pas inventé ces structures pour les fixer en fonction de la civilisation de leur temps : elles les ont reçues et conservées comme un « dépôt » sacré. Après cela, il est clair que la tradition ecclésiastique a dû en adapter un grand nombre d'aspects pour tenir compte des nécessités pratiques, car l'Église vit au sein d'une histoire mouvante. Il y a eu beaucoup de maladresses et de faux pas dans les adaptations de ce genre [23] : les historiens de l'Église et les théo-

---

23. Il y eut des faux pas et des adaptations institutionnelles qu'on crut faussement liées à la foi. Un exemple topique est fourni par la notion de « chrétienté ». Celle-ci, qui entremêle une notion religieuse fondamentale, l'Église, et une situation sociale déterminée, le pouvoir civil regardé comme « chrétien », ne relève aucunement de la tradition apostolique. Il est heureux que l'Église soit née sans l'appui d'aucun pouvoir civil, ni juif, ni gréco-romain : elle était d'un autre ordre. Il a fallu attendre les empereurs Gratien et Théodose pour que le christianisme devienne une « religion d'État », en

logiens doivent savoir le discerner clairement. Mais les éléments essentiels de la tradition des apôtres, telle qu'elle s'est développée tout au long du temps nécessaire à l'élaboration du Nouveau Testament, s'imposent à l'Église d'aujourd'hui comme à tous les siècles de la tradition ecclésiastique.

c) *Le fond du débat*

Au fond, l'objet essentiel du débat qui oppose le catholicisme et les églises issues de la Réformation ne réside pas seulement dans le principe de la « Scriptura sola » comme source unique de la foi. Ce débat lui-même a été compris de travers, tant qu'on l'a présenté comme celui de l'attachement contradictoire à l'Écriture *ou* à la Tradition, au risque d'élaborer une théorie des « deux sources » de la foi mises sur le même pied. On oubliait de distinguer deux temps dans cette Tradition elle-même : celui de la tradition *fondatrice* des apôtres et des « hommes apostoliques », auxquels on doit les livres du Nouveau Testament, et celui de la tradition *réceptrice* qui a conservé et fait fructifier le legs reçu de la précédente, le « dépôt » apostolique. Il faut assurément se référer aux livres du Nouveau Testament pour avoir un contact direct avec la tradition « fondatrice ». Mais il faut voir aussi comment, durant la période qui la suivit immédiatement, cette tradition fut « reçue », perpétuée, mise en œuvre, dans un esprit de *fidé-*

---

un temps où personne n'imaginait qu'un État pût ne pas avoir de religion officielle. Ce fut, en 381 dans l'empire d'Occident, en 387 dans l'empire d'Orient. Cette situation culturelle et politique a eu une vie très longue. Or elle plaçait l'Église dans une situation ambiguë, comme si elle n'était avec l'État qu'une composante de la « société chrétienne ». Il put y avoir là certains avantages, mais il y eut aussi mille inconvénients. Or l'évangélisation du monde n'est pas liée à une telle situation proprement *culturelle*, qui a des parallèles dans les pays où il existe des « religions d'État » (l'islâm ou le bouddhisme), à moins que ce ne soient des « idéologies d'État » pseudo-religieuses (les anciens États marxistes-léninistes), ou même un paganisme officiel lié à l'État (l'Allemagne nazie et son « mythe du XXᵉ siècle »). L'Église est en porte-à-faux par rapport à *tous* les systèmes politiques et culturels, quand elle appelle les *personnes humaines* à la conversion évangélique : on est là sur un autre plan que celui de la vie politique et de la culture.

lité totale. La diversité éventuelle de cette réception montrait comment la fidélité peut comporter des adaptations et des variantes sur des points mineurs. Mais il était capital que les variantes pussent elles-mêmes se réclamer d'une tradition « apostolique » qui avait la valeur, au point de vue pratique, d'un droit coutumier.

Un cas classique est celui de la date de la célébration pascale, où les églises d'Asie mineure observaient un calendrier liturgique différent de celui de Rome. On sait qu'en 154 Polycarpe de Smyrne n'avait pu trouver un terrain d'entente sur ce point avec Anicet de Rome, mais il n'y avait pas eu de rupture. La question rebondit sous le pape Victor, en 190, et une lettre véhémente de Polycrate d'Éphèse faillit alors entraîner une rupture entre Rome et les Asiates (Eusèbe, *Histoire ecclésiastique*, V, xxiv, 2-8, pour le texte de la lettre). Comment concilier deux usages qui se réclamaient également de la tradition des apôtres ? Irénée de Lyon, asiate d'origine, avait dans son église adopté l'usage occidental : il apaisa les esprits en invitant Victor à ne pas excommunier des églises entières en raison de leur fidélité à une antique tradition (Eusèbe, *op. cit*, V, xxiv, 14-17). Or on sait qu'Irénée était fermement attaché à la tradition des apôtres.

Le drame du XVIe siècle s'est noué à partir du moment où les Réformateurs, ayant perdu confiance dans la tradition *ecclésiastique* de leur temps, ne se contentèrent pas de promouvoir le retour à la « Scriptura sola », mais aboutirent pratiquement à mettre en place une nouvelle conception de l'Église elle-même, qu'ils s'efforcèrent d'organiser suivant les modèles que leur offraient les textes du Nouveau Testament. Il est clair que, pour le catholicisme comme pour eux, l'Église est une « assemblée de croyants », convoquée par Dieu en vue du « culte spirituel » (Rm 12,1). Mais ces croyants n'ont pas à déterminer eux-mêmes les structures de leur organisation en s'inspirant de ce qu'il y eut à l'origine, et en l'adaptant librement à la variété des temps et des cultures. Quand il leur faut effectuer certaines adaptations pour que l'Église reste vivante dans un monde changeant, ils doivent respecter, tant pour la traduction de leur foi que pour l'organisation des structures ecclésiales, ce qui constitue le « dépôt » de la tradition apostolique. Ils ne sont pas les maîtres absolus de ces structures. Ils doivent se comporter à leur endroit comme l'apôtre

Paul devant le *Credo* chrétien : « Je vous ai *transmis* ce que j'ai moi-même *reçu* » (1 Co 15,3). La tradition apostolique a, sur ce point comme pour la foi, une autorité incontournable.

d) *Le problème du pastorat féminin*

L'innovation, acceptée par les églises protestantes, du pastorat féminin fait pendant, me semble-t-il, à ce que fut jadis l'alignement de la théologie libérale sur l'« esprit du temps » pour moderniser la présentation de la foi [24]. Elle était suivie sur ce point, d'une certaine façon, par le « modernisme » catholique. Mais qu'est-ce qu'être « moderne » ? Le legs de Jésus, transmis par la tradition apostolique comme un « dépôt » à garder doit servir de test pour passer au crible de la critique les suggestions de cette « modernité », en matière de foi comme en matière d'institutions. Tout se tient dans le cas présent. C'est pourquoi mon unique souci est ici de proposer à tous – catholiques, orthodoxes orientaux et protestants des diverses dénominations – *une réflexion sur le caractère régulateur de la tradition apostolique en matière institutionnelle comme en matière de foi.* Je n'ignore pas le principe du « développement » préconisé par Newman ; mais le développement authentique, en matière de foi comme en matière d'institutions, suppose une conscience profonde de la nature de ce qu'il faut développer, joint à un souci de fidélité au Christ et à ses apôtres : nous tenons d'eux à la fois l'Évangile *et* l'Église. Ne disons pas qu'en conférant l'ordination pastorale à des femmes on modifierait seulement une *tradition ecclésiastique* à laquelle la théologie et le droit se sont toujours tenus [25]. La question est de savoir *pourquoi* l'Église s'y

---

24. Karl Barth a heureusement passé par là pour rendre à la théologie protestante un souci dogmatique incontestable. Mais il l'a fait à l'intérieur de la tradition qui avait pris forme au XVIᵉ siècle, sans mettre en question la structure de l'Église telle que les réformateurs l'ont mise sur pied en s'inspirant du Nouveau Testament, pour leur conception du ministère.

25. Ce principe est posé équivalemment, sans employer le mot « tradition apostolique » dans la lettre apostolique *Ordinatio sacerdotalis* du 30 mai 1994, nº 2 (dans *La documentation catholique*, nº 2096, p. 551 s.).

est ainsi tenue. Ce n'est pas en raison d'une mentalité réactionnaire qui l'aurait rendue incapable d'adapter sa doctrine et ses institutions à l'évolution de la société et de la culture. La seule raison, sentie au moins d'une façon intuitive, est *la référence à la tradition apostolique*. Ne disons pas non plus que, si l'Église des apôtres n'a pas légiféré en cette matière, c'est qu'elle ne pouvait pas faire autrement que de s'en remettre aux coutumes du temps. Assurément, Jésus et ses apôtres devaient en tenir compte pour insérer la nouvelle institution d'Église dans le cadre historique où elle prenait forme. Mais Jésus était tout à fait capable de faire des choix, et la coutume qu'il inaugurait ainsi prenait *une valeur de règle* pour les apôtres qu'il envoyait afin de fonder son Église. La coutume ainsi inscrite dans une pratique fidèle prenait ainsi, dès l'origine, une valeur de droit coutumier.

En écrivant ces lignes, je sais que je vais au-devant de réflexions peu amènes : « Vous regardez donc comme nul et non avenu le ministère exercé, dans les églises de la Réforme, par les femmes qui y ont reçu l'ordination pastorale. » Non, mais je remarque seulement que *la Réforme tendit à ramener les fonctions ministérielles à un service de la Parole évangélique*, que les femmes peuvent parfaitement remplir. A tel point que, dans certaines églises et durant des périodes assez longues, la liturgie eucharistique n'était même plus célébrée ! Les communautés sont généralement revenues aujourd'hui à sa célébration régulière. Mais comment celle-ci est-elle comprise dans la théologie qui en élucide le sens ? Que veut dire sa définition comme « mémorial » du Seigneur, suivant le principe scripturaire : « Faites ceci en mémoire de moi » (1 Co 11,24 s. ; Lc 22,19) ? On dira que la communauté rassemblée « fait mémoire » du Seigneur, ravive son souvenir dans la foi des participants, rappelle son don de lui-même dans sa mort en croix, fait ainsi de la liturgie eucharistique un sacri-

---

La suite fait état de « la tradition constante et universelle de l'Église » (n° 4) ; on passe alors de la tradition « fondatrice » à la tradition réceptrice qui doit adapter le « dépôt » reçu, mais n'a pas le droit d'innover sur les points essentiels.

fice d'action de grâces pour la rédemption que sa mort en croix a effectuée. Je ne dis pas que cette « mémoire » liturgique serait sans valeur : elle réveille assurément la foi dans le cœur des participants et elle met en acte la parole de Jésus : « Que si deux ou trois sont réunis en mon nom, je suis au milieu d'eux » (Mt 18,20). Mais ce mode de présence rénové dans la foi des participants suffit-il pour définir la présence eucharistique ? Ce n'est pas rien, mais c'est trop peu.

L'acte par lequel le Christ a réalisé notre rédemption a deux faces. Une face terrestre et historique : sa mort en croix. Mais aussi une face supra-terrestre et méta-historique : sa résurrection d'entre les morts. C'est dans cette perspective que doit être comprise la nature de son sacrifice, comme y invite la présentation englobante de l'épître aux Hébreux. L'« oblation unique » par laquelle le Christ « a rendu parfaits pour toujours ceux qu'il sanctifie » (He 10,14) commence dès son entrée dans le monde (10,5-9), culmine historiquement dans l'« oblation de son corps » (10,10), s'achève par sa glorification « à la droite de Dieu » (10,12). Telle est la perspective dans laquelle doit être compris son sacrifice. La célébration eucharistique n'est pas seulement le sacrifice d'action de grâces offert *par l'Église* pour rendre gloire à Dieu de la rédemption accomplie. Elle a un rapport beaucoup plus étroit avec le sacrifice du Christ lui-même. Celui-ci s'est réalisé « une fois pour toutes » (*ephápax* : Rm 6,10 ; He 7,27 ; 9,12 ; 10,10) : il ne saurait donc être aucunement renouvelé. Mais le « repas du Seigneur » (1 Co 11,20), c'est-à-dire le repas où le Christ en gloire nous invite à sa table pour que nous y participions (1 Co 10,21b) est unique, lui aussi : inauguré lors de la dernière Cène dont quatre récits en énoncent le sens (1 Co 11,23-25 et parallèles), *il est rendu présent* par le Christ ressuscité « à chaque fois que [nous] mangeons ce pain et buvons à cette coupe » (1 Co 11,26). C'est pourquoi, dans chaque célébration, « [nous] annonçons la mort – événement advenu dans notre histoire ! – du Seigneur – titre du Christ ressuscité ! – jusqu'à ce qu'il vienne » – horizon eschatologique de la célébration ! (1 Co 11,26b). Autrement dit : le sacrifice que le Christ ressuscité rend lui-même présent par l'action de l'Esprit Saint dans la célébration de son repas devient ainsi l'objet d'une « participation » dans laquelle nous communions à son unique sacrifice.

e) *La nature du ministère pastoral*

La présidence de cette célébration est donc bien autre chose qu'un service de la Parole de Dieu en tant qu'annonce de l'Évangile : elle est le service de la Parole *efficace* par laquelle le Seigneur lui-même rend présent à tous les siècles l'acte par lequel il assure le salut de l'humanité pécheresse. Ce ministère-là, en tant que service du Christ opérant la sanctification des fidèles par la participation à sa table, a *une dimension sacerdotale* entièrement référée au sacerdoce du Christ lui-même. Il ne se confond aucunement avec le « sacerdoce royal » par lequel les baptisés « offrent leur corps en victime vivante » pour réaliser le « culte spirituel » qui plaît à Dieu (Rm 12,1). Le ministre doit certes s'offrir lui-même avec le Christ comme tous les autres participants : sous ce rapport, il est à leur rang. Mais son acte ministériel, en vertu du charisme lié à son ministère, *est un service du Christ sanctificateur dans son sacerdoce souverain* [26]. C'est à ce titre que la théologie patristique, dès le IIᵉ siècle, a pu à bon droit appliquer au ministère épiscopal (Hippolyte) puis presbytéral, les catégories sacerdotales empruntées au Premier Testament. Non à titre *littéral*, comme s'il s'agissait d'un sacerdoce de même nature, mais à titre *figuratif* pour exprimer dans ce langage symbolique un aspect essentiel de ce ministère. Une telle conception de l'eucharistie-sacrifice et du « ministère-sacerdotal » n'est pas une invention du Concile de Trente, réagissant contre des conceptions amoindrissantes qui prenaient forme à cette époque dans le protestantisme : elle découle directement, pour l'eucharistie, du Nouveau Testament, et tout spécialement de saint Paul et des récits évangéliques ; elle résulte, pour le

---

26. Voir *supra*, l'article cité dans la note 17.

ministère, d'une réflexion qui tente de définir le passage du Premier Testament avec son sacrifice figuratif, au Nouveau avec le service effectif du Christ souverain prêtre.

Tout se tient donc dans les divergences qui continuent de séparer la catholicité, « semper reformanda » dans sa pratique et sa compréhension d'elle-même, des églises issues de la Réformation : le recours à la tradition apostolique et non à l'Écriture seule pour fonder la foi et la vie pratique de l'Église ; la compréhension du ministère pastoral, auquel la succession apostolique est indispensable pour en assurer la valeur ; la compréhension théologique de l'activité ministérielle, en tant que service du Christ dans son triple office de Prophète, de Pasteur et de prêtre (ici : *hiéreus/sacerdos*) ; le caractère sacramentel de l'ordination au ministère pastoral ; la compréhension de la célébration eucharistique qui non seulement réunit les fidèles dans la « mémoire » du Seigneur, mais littéralement « fait l'Église » par leur participation à son unique sacrifice. *Il est vain de rêver à une réunion des chrétiens divisés dans un seul corps visible, tant que cet ensemble de questions n'aura pas été réexaminé sur le fond* [27]. Pour le faire, les textes du Nouveau Testament lui-même doivent être replacés dans le cadre vivant de la tradition apostolique, comme je me suis efforcé de l'expliquer. L'écart est si grand entre les uns et les autres que leur réunion ne saurait advenir

---

27. Le désir de l'unité des chrétiens s'est manifesté d'abord au sein des églises de la Réforme : c'est là qu'est né le mouvement œcuménique. Un théologien comme Oscar Cullmann, très attaché à ce souci, a fait des propositions dans ce sens, en souhaitant que l'unité se fasse en respectant la structure diversifiée des églises. Mais il y a structure et structure. Le fonctionnement actuel des Congrégations romaines et les modalités de l'élection de l'évêque de Rome, siège épiscopal qui garde la tradition des deux apôtres fondateurs par leur martyre, Pierre et Paul, et qui doit exercer sa vigilance sur l'unité des fidèles dans la fidélité à la foi reçue d'eux – ces aspects pratiques de l'organisation actuelle, issus d'une histoire complexe, ne proviennent pas davantage de la tradition apostolique. Leur réadaptation à l'unité des chrétiens qui se reconstruirait s'imposerait d'elle-même, sans qu'on puisse dire d'avance comment les choses se présenteraient. C'est pourquoi je dis que tout doit être réexaminé sur le fond.

sans un vrai miracle de Dieu [28]. Il faut travailler à aplanir les obstacles qui l'empêcheraient. Mais nous ignorons totalement la façon dont l'Esprit Saint travaille dans les consciences pour le faire advenir. On peut mesurer les difficultés qu'il faudra surmonter sans perdre pour autant l'espérance [29].

28. Je n'oublie pas le fait d'actualité qui a occasionné cette réflexion : l'alignement de la communion anglicane sur les églises protestantes pour l'ordination presbytérale et épiscopale des femmes. Mais ce problème doit être replacé dans le cadre général où la compréhension de l'Église elle-même est en jeu.

29. Je signale qu'intervenant dans les controverses publiques, avant et après la « Lettre apostolique » de Jean-Paul II, je suis revenu sur le thème développé ici : « La règle de la tradition apostolique », *La Croix-L'Événement*, 30 avril 1994 : « Revenir à la tradition apostolique », *ibid.*, 25 juin 1994. Comment peut-on parler de cette question sans se référer au principe fondamental qui en détermine la solution ? Les « raisons de convenance », pour et contre, doivent être évaluées en fonction de lui.

Table

Avant-propos 7

I. LA CONDITION DE LA FEMME :
INTERPRÉTATION SYMBOLIQUE
ET RÈGLES DE VIE PRATIQUE

1. Le symbolisme religieux de la féminité 15
   I. A la source de l'anthropologie biblique 16
   II. Le symbolisme des deux sexes dans le Nouveau
   Testament 20
      1. L'Église-Épouse et le Christ-Époux 21
      2. La symbolique maternelle 24

2. La condition féminine d'après les épîtres pauliniennes 33
   I. L'homme et la femme, égaux dans le Christ 34
      1. Analyse de Ga 3,26-28 et parallèles 34
      a) Galates 3,26-28, 34. – *b) Textes parallèles,* 37.
      2. Conséquences du principe de l'unité dans le Christ. 39
      a) Le statut dans la société, 39. – *b) La différence
      irréductible,* 39. – *c) La perspective baptismale,* 41.

   II. Autour de l'éthique sexuelle 42
      1. Le texte de Rm 1,24-27 42
      2. Les textes de 1 Co 5,1-5 et 6,13-20 44
      a) 1 Corinthiens 5,1-5, 44. – *b) 1 Corinthiens 6,12-18,*
      45.
      3. La casuistique du mariage et l'abstinence sexuelle... 47

165

a) Abstinence sexuelle et usage du mariage, 47. –
b) La condition de la femme dans le mariage, 49. –
c) Conclusion, 53.

III. La place des femmes dans les réunions cultuelles...... 54
   1. Les réunions communes du culte chrétien.............. 54
    a) L'église locale et son assemblée, 54. – *b) Les
    influences juives et païennes à Corinthe*, 56.
   2. La participation des femmes aux assemblées............ 59
    a) La question du voile des femmes, 59. – *b) Une
    règle restrictive*, 63.

3. Les données des autres épîtres................................ 67

   I. Les règles de morale domestique............................... 67

   II. Les épîtres pastorales.. 72
    1. La tenue des femmes 72
    2. Le problème des veuves.................................... 76

II. LE PROBLÈME DES MINISTÈRES FÉMININS

4. Examen des données de fait.................................... 83

   I. La femme et les ministères de la Parole.................... 83
    1. Prophétie et prière publique................................ 83
    2. L'enseignement.. 85

   II. L'hospitalité eucharistique 88
    1. Autour de 1 Corinthiens 16,15-19 88
    2. Le cas d'Aquilas et de Prisca 89

   III. Les données sous-jacentes à Romains 16 93
    1. Le cas particulier de Phoébē 93
    2. Les ministères dans l'église d'Éphèse 95

   IV. Les données de l'épître aux Philippiens 98
    1. Les ministères nommés explicitement.................. 99
    2. Le cas de deux femmes.................................... 100

   V. L'église de Colosses.. 102

   VI. Les donnes des épîtres pastorales 104
    1. Les ministères « institués »................................ 104

2. L'ordre des veuves 106

VII. Les données des Actes des apôtres.................... 107
   1. Les converties et les convertis 107
   2. L'institution des ministères locaux.................... 109
   3. Données indirectes des récits évangéliques 111

5. Évaluation des données du Nouveau Testament ... 115

I. Charismes et institution................................... 116
   1. La diversité des situations dans l'Église 116
   2. La grâce et les charismes 117

II. Fonctions structurantes et ministères institués.............. 119
   1. Les fonctions structurantes.......................... 119
   2. La situation des femmes 123

III. La tenue des assemblées................................ 126
   1. Vue générale.. 126
   2. Place des ministères féminins........................ 128

IV. Égalité des sexes et différence des fonctions.............. 131
   1. La question.. 131
   2. La diversité des services dans l'Église.................... 133
      a) Le service de la Parole, 133. – *b) Le problème
      du service pastoral,* 135.

Conclusions.. 139

   1. La vocation des deux sexes dans le dessein de Dieu .. 139
   2. La fidélité à la tradition apostolique 146
      a) L'Écriture et l'Église, 146. – *b) Une nouvelle tra-
      dition ecclésiastique,* 150. – *c) Le fond du débat,* 156.
      – *d) Le problème du pastorat féminin,* 158. – *e) La
      nature du ministère pastoral,* 161.

Achevé d'imprimer le 6 janvier 1995
dans les ateliers de Normandie Roto Impression s.a.
61250 Lonrai
pour le compte des Éditions Desclée de Brouwer
N° d'imprimeur : I4-2091

Dépôt légal : janvier 1995

Imprimé en France